如何正确提问

A

利用问题的力量去沟通与说服

DOESN'T HURT TO ASK

USING THE POWER OF QUESTIONS TO COMMUNICATE, CONNECT, AND PERSUADE

[美]
特里·高迪（Trey Gowdy）
著

中国青年出版社
CHINA YOUTH PRESS

图书在版编目（CIP）数据

如何正确提问：利用问题的力量去沟通与说服 /（美）特里·高迪著；丁浩译.
—北京：中国青年出版社，2022.8
书名原文：Doesn't Hurt to Ask: Using the Power of Questions to Communicate, Connect, and Persuade
ISBN 978-7-5153-6642-5
Ⅰ.①如… Ⅱ.①特… ②丁… Ⅲ.①说服—语言艺术—通俗读物 Ⅳ.①H019-49
中国版本图书馆CIP数据核字（2022）第088285号

如何正确提问：利用问题的力量去沟通与说服

作　　者：（美）特里·高迪
译　　者：丁　浩
策划编辑：翟平华
责任编辑：刘宇霜
文字编辑：吴梦书
美术编辑：佟雪莹
出　　版：中国青年出版社
发　　行：北京中青文文化传媒有限公司
电　　话：010-65511272 / 65516873
公司网址：www.cyb.com.cn
购书网址：zqwts.tmall.com
印　　刷：大厂回族自治县益利印刷有限公司
版　　次：2022年8月第1版
印　　次：2022年8月第1次印刷
开　　本：787×1092　1/16
字　　数：154千字
印　　张：12.5
京权图字：01-2020-6905
书　　号：ISBN 978-7-5153-6642-5
定　　价：49.90元

谨以此书献给

特莉，我们的孩子华生和阿比盖尔，

以及我的父母哈尔和诺瓦琳·高迪。

CONTENTS

目 录

前　言

从法庭到国会

说服为什么重要

16年的时间里，我在12人陪审团面前站过无数次，他们曾经尝试逃避陪审义务，却未能成功。（这么说或许并不公平。但不得不承认，收到陪审团传票，有谁又能高兴起来呢。）在我看来，尽管多有迟疑，多数人最终仍享受担任陪审员，或者至少能体会司法制度的威严。法庭是人生的真实写照，这里有痛苦、欢乐、公平、不公，也有在试图驾驭和裁决人性时流露出的最原始情感。虽然人这一生未必都会有对簿公堂的那一幕，但“审判”并不陌生。商务会谈、社区会议、学校、家庭，“审判”随时发生。

我经历了近百场联邦和州法院陪审员审判，涉及的案件也五花八门，从违反枪支管制、贩毒、绑架，到劫车、性侵，再到抢劫、虐童和谋杀。在我看来，法院是最平静且舒适的地方。我热爱逻辑、规则、战略，我也喜欢快速思考，寻找真相。我热爱芸芸众生和司法程序折射出的丰富多样的人性。但法庭之所以让我着迷，主要是因为我热爱说服的艺术，并尽己所能做到最好。

这归功于我的母亲。在我和3个姊妹小的时候，她做过很多份工作，但她最喜欢的工作是在当地政府首席法务官办公室担任受害者代言人。受害者代言人为犯罪受害者及其家人提供权利咨询，解释刑事程序。如有必要或收到请求，他们与受害者及其家人参加审判、抗辩和量刑听审。

我读大学和法学院时，暑假回家，每当母亲对刑事司法制度感到失望时，总会找我聊天。她会坦露心中的不解，“为何遭到犯罪指控的被告聘请了自己想要的律师，而受害者却不能？受害者只能接受为案件指派的公诉律师。受害者为何不能聘请最好的律师？”

妈妈呀，这个问题问得太好了。虽然我知道书本上的答案，但是书本上的答案并不能慰藉受害者，因为受害者要面对伶牙俐齿的刑事辩护律师的盘问，而嫌犯面对的公诉律师却未必有这般高明的手段。妈妈，你是对的，受害者有权聘请优秀的律师：一位在开场致辞中就能为庭审设定正确期待的律师；一位在言辞表达和举手投足间与陪审团建立联系的律师；一位通过直接发问，以令人信服、逻辑缜密的方式，巧妙获取证词的律师；一位无须频频低头看稿就能有力盘问被告的律师；一位在结束陈词中既慷慨激昂，又充满理性，促使陪审团达成一致意见，甚至能排除合理怀疑，逾越美国司法文化中最严苛的举证要求的律师；一位能预测被告律师的举动，并制订计划将其挫败的律师；一位深谙说服之道的律师。

即使在法庭之外，人们既渴望有人为自己铿锵有力地争取利益，也希望能为他人挺身而出。工作中，有人在讨论产品营销或开展新业务，虽然你想参与交流，但是参与的程度直接取决于你的沟通能力。事实上，你也渴望成为交流中不可或缺的参与者。

16年的时间里，我一直在法庭上拼搏——努力成为一名我母亲希望受害者有能力挑选的辩护律师，我母亲希望他们能够挑选这个国家中任何一位律师为自己伸张正义。成为受害者或其家人有力的辩护者并非易事，但在人生其他领域，这样的角色又何尝轻松。你同样需要为人、为事成功辩护，需要说服别人在某件事情上靠近你的观点，或者至少明白你为何有此想法。法庭曾是我工作的地方，你也有自己奋战的场所，但无论哪里，你我都需要高效地处理和传递信息，从而实现既定目标。无论是面对凶杀案，还是推销产品，抑或是当好母亲，都需要具备相同的技能。

我有时会拿“迎宾列队”的工作举例。说的是等你不在了，你想让别人记住你做过的工作。我告诉妻子，如果我早于她离开人世，希望她做两件事：一是给我办完葬礼再开始约会；二是让孩子们记住，当公诉律师是他们的父亲最热爱的工作。我想让人们记住我的这份工作，因为这份工作非常有意义、非常崇高，同时也非常具有挑战性。我在公平和正当程序的规则内说服别人，用公信力、事实、思辨、激情、逻辑和丰富的语言打动陪审团，让他们做出从无罪到有罪的转变。

关于对话应如何进行，你有自己的主见，虽然这是关于你个人的生活，但是不妨思考一下，你希望如何影响你生活、工作和热爱的世界。

最有效的说服工具

一定要让与我们最亲近的家人和朋友记住我起诉的最后一起案件，以及我这样做的原因。

如果你去过我在华盛顿特区的办公室，一定很好奇，我全家福后面照片上的小女孩是谁。那是我办理的最后一桩刑事案件中最后一位受害者，正是她让我最后一次站在陪审团面前。

麦亚·魏德纳长得很漂亮，但10岁却患了脑瘫，她的遭遇十分不幸，后来她被自己妈妈的男友殴打致死。这位男友是个消防员，也是位紧急医疗救护员，从未有过犯罪记录。他声称，孩子的伤是癫痫发作时从轮椅上摔下来造成的，他在给孩子做心肺复苏术时可能不小心伤到了孩子，他坚称不是犯罪，只是意外。

我当时一只脚已经迈出了公诉律师这个职业，几周后就要宣誓就职，准备去国会工作，办公室里肯定会有其他人接手这个案子。我们办公室也有很多十分优秀的公诉律师，他们也能为麦亚做好辩护。即便这样，母亲的声音依旧在我的脑海里挥之不去，“为何被告能聘请最好的律师，而受害者却不能？”

正是母亲的声音和我为人父的心结，促使我打开卷宗，亲自接手此案。虽然小女孩无法开口说话，但我可以为她发声；小女孩无法保护自己，可我能为她伸张正义。小女孩生前生活艰难，但我可以在陪审团前踱步，像他们对待自己的孩子那样，为小女孩的生命赋予同样的价值。我将为她做有效的说服工作，因为这是正义之事。

要让12位陪审员相信一个有不错工作，且无犯罪记录的男子杀害了手无寸铁的孩童，并非易事，但真相就是如此。为此，我利用摆事实、讲逻辑来解决问题。

我向陪审员提问，诚然，有些问题是为了让他们获得必要的知识，形成合理的意见。有些问题，无论是陪审员，还是我本人，都知道答案。之所以这样安排，是为了让他们心甘情愿地接受真相。

最终，12位陪审员都认为被告有罪。他们认为该男子杀害了麦亚，法官判处他终身监禁，不得假释。显然，无论是法庭上的气氛，还是陪审团做出裁断的速度，都表明最能打动人心的是年幼女孩的生命。他们与我一样深受触动，并在感动之余做出了正确的选择，像对自己的后辈一样，给麦亚的生命赋予了相同的价值。

麦亚的照片摆在我的桌子上，让我想起很多事情：生命的脆弱，孩子的无辜，为他人挺身而出的力量，以及每个人都需要为重要的事发声。不可否认，利用问题来打动别人有其独特之处，但我坚信，说服要达到最高境界，提问必不可少。大多数人通过告诉别人自己的观点及背后的原因来试图说服，但是你能做到在正确的时间，用正确的顺序，提正确的问题吗？更重要的是，你能让与你交流的人说服他们自己吗？

说服的机会随处都有，你未必要到法庭上为他人辩护，也不必在国会里为某项事业呼吁。从法庭到客厅，从国会辩论到会谈时在桌前与客户沟通，从说服陪审团到说服老板，每个人不仅有机会，有时还有义务去说服。

最有效的说客既侧耳聆听，又侃侃而谈；最有效的说客既连环发问，又问答如流。提问不只是为了获取信息，而是要用最有效的工具，以正确的方式，在正确的时间发问，这可以让别人理解你的立场，或是产生共鸣。

从法庭到国会

16年公诉律师的职业生涯，不仅教会我如何成为一名律师，也让我更了解我的同胞，知道如何与他们沟通并说服他们，用直接证据引导他们，解构不可靠的证据。法庭就像文化和人类学的培养皿，人性的各方面在此测试、分析和审判。正因如此，法庭上奏效的，也同样适用于现实生活。

如果你把司法制度中的程序搬到客厅或会议室，很可能有人会说："这不是法庭。"伊莱贾·卡明斯生前是一位杰出的律师，后来在国会任职期间也成绩显赫。他在一次国会委员会听证会上揶揄我："这是法庭吗？我们要在这里使用联邦证据规则吗？"美国国家税务局前局长约翰·科斯基宁私下里与我交情很好，他曾经在回答问题时反问道："这是审判吗？有人在此受审吗？"不，听证会不是法庭，也不遵守法庭证据、程序规则，但或许应该遵守。我们司法体系中使用的政策、规范、程序、规则，并不因为在法庭上运用过就顺理成章是"正确"的。之所以它们在法庭上使用，是因为已经经受了时间的检验。我们总体上认为它们是阐明真相的最佳工具。换句话说，并不是在法庭上运用过就正确——之所以在法庭上使用，是因为其本身是正确的，而正确才是首要的。

尽管我热爱正义、公平，追求真理和说服陪审团，但我离开了法庭，原因是我无法回答关于法庭之外的问题。从精神信仰上来说，我无法接受每天的种种见闻。有些人对自己的同胞越来越不人道，无辜的人经受苦难，有人杀死了自己口口声声说爱的人，弱势群体遭受不公，甚至充斥着无端的暴力、堕落和恶意。

在现实世界中，虽然绝大多数人都是友好、良善、守法、乐于助人的，但在司法系统中，这并不是你所看到的，甚至最终让你觉得许多人都是坏人。法庭上不应该对好人审判，审判的应是杀人犯、强奸犯和入室盗窃犯等坏人。每天与这些人打交道，很容易对人产生偏见。当你满眼所见皆是邪恶时，你会不自觉地认为生活也是充满邪恶的。

怀疑与日俱增，但我又常常想起基督教的格言（大致引用《圣经》的经训就是）："万事互相效力，让人得益处。"如果你生活在传统深厚的基督教地区，那么你一定经常听到这句话。

万事，嗯？那些脸被烟头烫伤的孩子们是怎么回事？那些被性侵的孩子呢？那对被锤子打死的无辜夫妇呢？被生父强奸，伤口被缝起来的3个月大的孩子呢？麦亚呢？这就是你所说的"万事互相效力，让人得益处"吗？

我在法庭上的表现很出色。几乎在任何时候，只要我想，只要需要，我就能说服面前的12个人放弃合理的怀疑。16年的时间里，我可以让12位完全陌生的人走到一起，达成一致。说服我的同胞或法官对我来说从来都不是最难的事。最难的是每天晚上下班后，从法院开车回家，问题开始快速在脑海里浮现，却来不及找到答案。

一天结束时，看着白昼输掉了与黑暗的战斗，我挣扎着不去想犯罪现场照片中的画面。家人熟睡，而我毫无困意，努力将外面的风声与试图进入我内心的邪恶和堕落的声音区分开来。我曾经很难把工作和生活分开，于我最珍贵的人也如此。在将近一年的时间里，女儿会把枕头和毯子拖进我们的卧室，放在我的那一侧床边的地板上，虽然知道妈妈会让她回房间，但爸爸不会。我甚至试着找上帝解决此问题，小时候每每感到不安或焦虑，我都会向上帝倾诉，但上帝既不听我说话，也不跟我交流。

击败我的不是被告律师或法庭上的陪审团，而是我脑子里的律师和陪审团。

我无法说服自己，怎么会允许一个孩子被烧死、打死，或者被自己的父亲强暴；我无法说服自己，怎么会允许一个脑瘫儿被自己妈妈的男朋友杀死；我无法说服自己，万事最终让人受益，而结局对许多无辜的人来说是死亡，没有讨价还价，没有妥协，也没有说服的死亡。那些幸存者将一生陷入痛苦、恐惧和不信任，他们的问题总好过我的答案。我可以告诉他们是谁，但无法有十足的把握告诉他们原因。

所以我离开了法庭，只剩下最微弱的信仰。我只带着一丝闪烁的光亮愤世嫉俗般地离开了，趁着问题尚未变成愤怒，愤怒还没有变成彻头彻尾的愤世嫉俗，我勉强离开了。

这次又是什么？当法庭不再是一种选择时，喜欢说服的人会去哪里呢？也许是更大的陪审团队伍，也许是政界，也许是国会。

也许什么都不是。

奇怪的是，尽管我离开国会时对人类的看法确实比我离开法庭时更积极，但我还是离开了。我离开法庭是因为问题比答案更好；我离开国会是因为这些问题在美国政治上似乎都是无关紧要的。在华盛顿，几乎每个人都早已下定决心。即使在华盛顿之外，几乎每个人都对这些问题下定了决心。政治永远存在，每一天都是微型选举日，似乎生活的方方面面都带有政治色彩。美国国家橄榄球联盟比赛被政治化，音乐和电影颁奖典礼受到政治影响，飓风和病毒掺杂了政治因素，甚至在厨房的餐桌上，也潜伏着试图插手的政治。

我不记得在国会的8年时间里，有谁的想法在委员会或大会辩论中被改变过。说服需要开放的心态，你无法打动不愿被打动的人，也无法说服不愿被说服的人。从本质上说，陪审员愿意被说服。国会议员，至少在现代政治环境中，要么不能被说服，要么不承认自己已被说服。

在国会任职8年后，我开始相信这些问题无关紧要，因为除了我自己，几乎没有机会说服任何人。奇怪的是，在国会工作期间，我变得更愿意被说服。原因不是现场的演讲，也不是委员会听证会，而是那些聪明、可信的人，他们以事实为中心，努力被倾听、理解，并在这个过程中愿意听取和理解我的意见。

华盛顿的那段时间让我明白，在谈判桌前，每个人的观点都会受各自经历的影响。我同意与否，并不重要。每个人都应在谈判桌上有一席之地，如果每个人都为了成功说服，带着同样的工具和知识来到谈判桌前，那么争论就会变成对话，对话就会变成认真的问题，问题就会产生真正有意义的影响力。

正是在国会大厦的大理石地板上，我意识到说服并不是为了赢得辩论——而是可以有效和高效地为你心中的真相进行宣传。说服是一种十分微妙的方法，你向别人提出一组正确的问题，他们就会自发地接受你的观点。说服是理解别人的信念以及背后的原因，并利用这些来批判或肯定他们的立场。说服是微妙、循序渐进和深思熟虑的，它有可能改变人生。

想开始吗

1986年7月，我和儿时最好的朋友基思·考克斯和他的家人在海边度假。那时，我是一个没有方向、没有动力且刚刚大学毕业的历史专业的学生，不知道下一步要做什么。我不仅对人生没有计划，而且丝毫没有做规划的意愿。一天早上，当其他人都去海滩时，基思的母亲让我陪她喝咖啡，顺带远眺大西洋。

“你下一步打算做什么，亲爱的？”她问。

“我不知道，考克斯太太。也许去新墨西哥州的拉斯克鲁塞斯，和一个大学同学一起做建筑工作吧。”我们坐着聊天，她温柔地问了我许多问题。虽然她问了太多问题，但都是出于一位母亲对孩子的关爱。她没有试图说服我做任何事。她既不是精神科医生，也不是律师。她是一位全职妈妈，完全出于关心，以正确的顺序提出正确的问题。

在那30分钟的时间里，与她的一番对话改变了我的一生。她把我从新墨西哥州拉斯克鲁塞斯的建筑业带去了法学院。在那天早上要求我留下来之前，她已经有了明确的目标，她倾听，并且关切地提出了一个又一个正确的问题。她成功帮我克服了自我怀疑，同时激发了我心中的骄傲。她说：“特里，给怀疑者一个惊喜，人这辈子要做些令人刮目相看的事情。我不会觉得惊讶，因为我在你小时候就看到了你的潜质，这是我们的秘密，去给别人一个惊喜吧！”

别人的妈妈花了30分钟，把我想去遥远的地方盖房子的想法，拉回到去南卡罗来纳州学习侵权和宪法。她带着同情、笃定和正确的问题说服我去做的，远比我再读3年书更有意义。她关心的是我这个人，不是我是否读法学院。

你可能永远不会在刑事诉讼中，站在陪审团面前，为特定的判决辩护，或者在政治选举中自告奋勇竞选公职。你只是想让别人听到你的声音，你只想被理解，你想要有效地表达你相信什么，为什么相信，为什么其他人也应该采纳你的观点。也许你永远不会为争夺美国参议院的一个席位而参与一场激烈的辩论，或许你要做比这些事更重要的事情——比如，说服孩子心怀更高的抱负和期望，鼓励他们更努力地去竞争。也许你只是想向同事、家人或配偶有效地表达你的立场；也许你想开口，但不确定是否有能力在工作单位、宗教场合或班级聚会与人谈笑风生。

我想帮助你成为一名更好的倡导者，通过掌握在正确的时间，以正确的顺序和正确的形式提出正确问题的艺术，更好地推进你的想法。虽然有时你也不知道自己问题的答案，但说服在一定程度上是举证的积极义务，在一定程度上也可通过提问的艺术来证明自己的观点。

开口前必须掌握目标

首先，您必须回答最基本的问题。当公诉律师时，我问警察和非专业证人这个问题。这是我最喜欢问的问题，因为它具有导向性。每次国会听证会之前，我都会问自己这个问题。现在，做演讲之前，我也会问自己这个问题，无论听众是满屋的律师，还是我妻子的一年级学生。

你想做成什么？

紧随其后的类似问题是：

你的目标是什么？

在互动结束时，你如何衡量成功？

你的陪审团是谁？

要证明这一点有多难？

无论是试图说服陪审团判处被告死刑，还是说服十几岁的孩子打扫房间，在你开始互动之前，这些都是你要问自己的问题。诚然，说服十几岁的孩子打扫房间更困难，但这是你每天更有可能经历的。

有时，你想要的东西并非那么肯定；有时，你想让听众转向你的思想。也许不是让你十几岁的孩子打扫房间，而是说服他选择大学专业。你要做的不是试图表明一个观点（“投票赞成我的想法，因为它们是正确的！”），或者证明一个命题（“你知道吗？孩子，其实英语专业学生的就业适应力更强。”），而是温和地让他们朝着特定的目标前进。也许不是为你的候选人赢得选票，而是让别人不投票给自己的候选人。在国会里，有时我的目标不是让某人和我投相同的票（因为我知道这永远不会发生），而是让他们投票支持的与自己原本设想的有所出入，或者让他们喝杯咖啡休息一下，完全错过委员会投票（这么说多少是开玩笑……）。对我的儿子华生来说，与其说是我想让他学英语，不如说是让他不要学习自己的首选专业——政治学。没有哪个青少年，或者任何人，愿意被直接告知该做什么，因此提出问题就成了最微妙、最有效的说服方式。他想学政治学，我想让他学英语，而他最终选择了哲学，所以我认为是我赢了。

无论你在和谁说话，也不管你的陪审团是谁，在你开口之前，你必须完全掌握自己的目标。

你是想开始一段关系，加强一段关系，还是结束一段关系，修复一段关系？你是想安抚还是激怒？

你的目标是达成共识，还是挑起冲突？

如果你的目标是破坏一段关系，激怒观众，认可别人根深蒂固且错误的信念，那这本书不会给你提供太多帮助。在我与其他个人或团体的互动中，目标要么是温和地将听众转向一个新的立场，要么是重新燃起对旧有立场的热情。

那么你该如何说服他们呢？什么管用？什么不管用？

这本书将探讨如何说服，为什么说服是最值得采用的一套技能，以及你可以掌握哪些工具，在对自己、对你珍视的人重要的问题上，提高说服力。

第一部分将重点介绍自我导向的问题，并为基本问题奠定基础，为什么要问问题，到底什么是说服。我会帮助你实现目标，了解你的陪审团，确定你的举证责任，并让你了解如何成为优秀的沟通者。

一旦了解了这些因素，你就可以开始说服别人了。在第二部分中，自我导向的问题转向说服对象。我将重点介绍可以使用的特定类型的问题，以及使用哪些工具可以帮助你表述问题。有时候，问题是认真的，就是为了获取信息。有时候，你想策略性地提出问题来得到你想要的答案。但有时，答案其实并不重要，重要的是引起反应，即驳斥和弹劾你的“陪审团”。

第三部分介绍如何在日常生活中将说服的艺术付诸行动。虽然我可能愤世嫉俗，但大部分说服都关乎理想，涉及让心态开放的人就自己真正关心的事情进行有意义的对话，以及让立场迥异的两个阵营真正倾听并愿意被说服。

当然，因自己的信念而心潮澎湃时，我们会觉得也有义务让别人转而接受这一信念，并为之竭尽全力。虽然说服是以建设性的方式实现这一目标，但在正确的时间，以正确的形式，提出正确问题的艺术，是你交流过程中必不可少的一支箭。事实上，如果你想打动与你交谈的人，提出正确的问题、倾听他们的回答，并且系统跟进的能力必不可少。

我们说服的目标应该是努力沟通并打动那些与我们互动的人，把他们的立场从“是”变成“不”；让他们转向模棱两可的立场；让他们看到我们的立场；让他们接受新的视角和新的观点；让他们与我们感同身受，见我们所见，想我们所想；让他们去做值得做的事，做好的事，做正确的事；让他们雇用你，给你一个机会，给你更多的责任；让他们尝试你的想法；让他们在你想做的事情上投入和你一样的精力。

现在我们开始行动吧。

第一部分

开口前需了然于胸

第一章

确有愚蠢的问题

让人哄堂大笑的问题

谋杀案件让人忧郁，一个人失去生命，另一个人接受审判，面临终身监禁，不得假释，或者更加严厉——被处以死刑。所以，可以想象，任何刑事审判都容不得半点马虎。然而，在我经历的第一场死刑判决现场，我却让在场的所有人哭笑不得。如果有人说："根本不存在愚蠢的问题"，那这个人肯定没去过2001年秋天斯帕坦堡县的庭审现场。

在那起案件中，一位便利店的收银员遭抢劫，遇害身亡，起因竟是微不足道的小钱。收银员工作卖力，为人善良，行事规矩，一辈子吃过不少苦。如果嫌疑犯开口要那点小钱，他也不会拒绝。

在大部分类似的案件中，只有两位目击证人，一位（也就是受害者）已经死亡，所以除了法医或实物证据，只能依靠被告的陈词、供述或虚假的辩驳。但在这起案件中，还有另一位目击者——抢劫、枪击发生时，他坐在一边玩电子扑克游戏。

每当有其他证人，律师总想提前与他们会面，了解他们会说什么，如何应对。在这起案件中，我与这位目击者见面多次。尽管他可能对在死刑审判中作证感到紧张，但是他态度真诚，所言可信，这对案件的调查具有非常重要的意义。

轮到他出庭作证了。先向陪审团描述案发现场十分必要：商店的格局如何，相对于收银台和收银员，这位证人坐在哪个位置，他是否有机会看到案件发生，当时有没有吸毒或饮酒，判断力有没有受到影响，另外还要预测陪审团可能会问到的其他问题。

“你与商店的正门之间有遮挡吗？”

“没有。”

“有什么遮挡你的视线吗？”

“没有。”

“当时开灯了吗？”

“开了。”

“屋里有烟雾吗？”

“没有。”

“你喝酒了吗？”

“没有。”

“这个问题可能涉及个人隐私，你当时服用了任何处方药物或其他药物吗？”

“没有。”

“嫌疑人从前门进来时，你看到了吗？”

“看到了。”

“嫌疑人进来时，商店里还有其他人吗？”

“只有我和收银员。”

“嫌疑人进来时，你的目光从他身上离开过吗？”

“没有。”

“你看清楚嫌疑人了吗？”

“看清楚了。”

“后来发生了什么？”

“嗯，那个人走向柜台后面的收银员，掏出一把枪。”

“你能看见枪吗？”

“能。”

“你能向陪审团描述那把枪吗？”

“能。是黑色的，看起来像手枪，不是左轮手枪。”

证人表现很好，控制住了情绪，说话清晰、准确。但显然我不能让对话如此顺利地进行下去，我必须出击。

“先生，我注意到你今天没戴眼镜，你那天晚上戴眼镜了吗？”

“没有。”

“你视力好吗？”

“好。我右眼完全没问题。”

他在说什么？我的证人，你不是希腊神话里的独眼巨人！你有两只眼睛，我自言自语道。

我陷入了什么样的境地？我如何抽身？接下来该问什么或说什么？就此放过，希望陪审团没听见？或者希望陪审团没想起来人有两只眼睛？愚蠢如我啊，我得做些什么，不能这么悬在那儿。

“证人先生，你当然视力很好，当然视力很好。”我只能这么说。

“那你的左眼呢？”

（痛苦的沉默）

“是假的。”

“嗯，当然，证人先生，是义眼。”

“不，是假的。”他说。

我就这么一位证人，但我竟然和在场的其他人一样，刚刚才得知他是位独眼证人。

在上法庭之前，竟然没有问证人的眼睛状况。我慌乱了，多想找个地方躲起来。给我报个名。我要躲到囚禁基督山伯爵的伊夫堡监狱！

情况不能比这更糟糕了，难道不是吗？诚然，很多时候，事情会变得很糟糕，而且在这起案件中，情况太窘迫了。

“后来发生了什么？”我接着发问。

“嗯，嫌疑人手里提着个蓝袋子。”

“好，蓝袋子是什么颜色？”

法庭里爆发出一阵笑声，有一只眼睛盯着我，好像我失去了理智一般。

我想他可能没听清楚问题，所以又重复了一遍问题。“蓝袋子是什么颜色？”

又是一阵哄堂大笑。

发生了什么？为何这群人在死刑审判中笑了起来？就在我要第三次提出这个英语世界有史以来最愚蠢的问题时，法官满怀怜悯地对我说：“检察官先生，我想陪审团现在知道蓝袋子是什么颜色。你可以继续提问了。”

问题可以是肯定的。问题可以是为了真诚地寻求更多信息，也可以是为了证实已有的陈述。你已经知道了答案，但是陪审团里有人却未必，所以你利用提问来向他人传递信息，而不是把信息传递给自己。问题可以是为了控告或削弱对方的观点，也可以是出于防御，或可以让你重新组织、转移和引导别人的注意力，从而可以继续一时或一天的战斗。

也确实有愚蠢的问题。

问题有好有坏，相同的问题因提问情形不同，也可能产生截然相反的结果。如果开庭前几周，在办公室询问目击证人的视力，那可能是个绝好的问题。

公诉官办公室的同事给了我一张那场庭审的照片，那是当地一家报社的摄影师拍的，当时证人正在说：“我的右眼视力完全没问题。”同事之所以给我那张庭审照片，原因是当证人提及自己的一只眼时，我的脸上没有任何能让人察觉的反应，而内心深处，我却充满渴望。直到我错上加错，问起蓝袋子是什么颜色，陪审团却没有发现任何异常。我从第一个问题中幸存下来，但却问了第二个问题，白白浪费了时间。

提问是一种防御机制

没有人生来就能一针见血地提问，甚至是最聪明的人也未必擅长提问，提问的艺术源自外界的动因。对我而言，这是几种思绪交汇的结果。一是缺乏对自己能力的信心；二是认识到人性的核心本质，即与倾听相比，人更喜欢倾诉；三是在内心深入、长时间不断地自我对话；四是意识到正确的提问是扭转局面的关键。

对我而言，使用问题而不是宣示性的陈述的主要动因是，我将其视为我的防御机制。虽然我从不认为自己聪明到可以与智者坐而论道，但是我喜欢接近他们。

我的父亲是位很有智慧的医生。我会问他医学的相关问题。如收缩压是什么意思？为什么心率95是心动过速？儿童怎么会得白血病？

我从小到大最好的朋友基思·考克斯在杜克大学读书，后来他成了一名口腔外科医生，他真的非常聪明。我会让他知道我不聪明吗？或者我可以通过提问来掩饰？

兰迪·贝尔法官是我这辈子遇到的聪明人之一。他是南卡罗来纳州上诉法院的法官，最后被选举为该州最高法院法官，但很遗憾，他在就职前过世了。

法学院毕业的第二年，我在上诉法院与他结识。他因病要做透析，必须从南卡罗来纳州的哥伦比亚到佐治亚州的奥古斯塔，需要有人开车送他，我便当起了他的司机。他是位法律学者，也是罗马文化专家。他深谙英国普通法，对于自然法和实证主义的讨论也游刃有余。与兰迪·贝尔这样的人物谈论所见所闻，对话交流，让他留下印象，完全是出于本能。我记得，刚认识他不久的一天下午，我开车送他去奥古斯塔，他提起纽伦堡审判，我当时对此一无所知。随后他又提起“共同过失”和“比较过失”，我又是一头雾水。他换了一个又一个话题，从罗马神话到义务论，试图找到任何我能搭得上话的内容。

他失败了。

他最后问我：“好吧，小伙子，你究竟知道什么？你想聊点什么？”

我只想表达自己怎么会和罗马法专家同乘一辆车，但是开口却说：“纳斯卡赛车，我最近迷上了纳斯卡赛车。”

“很好，”他回应道，“给我讲讲纳斯卡赛车从何而来吧。”

一阵沉默。

“我知道自己喜欢理查德·贝蒂，仅此而已，先生。”

那一刻是我人生的又一个低谷。我头顶着历史学学士和法学博士的光环，却对这两个学科没有任何实质理解。与我同车的即将成为南卡罗来纳州的大法官，他急切地要在宇宙间找到任何我能参与的话题，来打发往返于哥伦比亚和奥古斯塔的时间，但是他的努力是徒劳的。我心中不断涌起一阵阵挫败感，我自认自己不是十分聪明，该如何掩饰？如何伪装？如何在不暴露自己知识严重不足的前提下参与交流或专业互动？

要么很快变得聪明起来，要么想办法完全掩盖自己的无知，要么填补知识上的空白，要么填补时间上的空隙。或者也许，只是也许，可以想办法通过提问的方式一次实现两个目标。

不，我对罗马神话一无所知，但是我对希腊神话有所了解。罗马诸神和希腊诸神有差别吗？还是只是名字不同而已？你最喜欢哪个神？贝尔法官，如果让你选，你希望拥有什么神力？你似乎喜欢罗马胜过雅典？为什么？能给我讲讲斯巴达文化吗？我的家乡斯帕坦堡是以斯巴达命名的吗？

英国普通法？不太了解。但是我知道为什么有些普通法编纂成文或者由立法机构通过，而有些却没有。如果普通法和成文法出现冲突，以哪个为准？贝尔法官，有联邦普通法吗？

你可以在打发时间的同时学习，靠的是人类最重要的一项需求：渴望被倾听。大多数人天生爱表达，我就利用了这一点。说与听相比，人们更喜欢前者，如果我能利用人的本性，那么便能掩饰自己的不足。所以我压抑或替换了自己被倾听的渴望，取而代之的是不想让人看出自己未接受过教育——这难道不是双赢的结果吗？你想说，我就来听，而且有所收获，我也没有愧不如人的失落感。请相信我，提问永远是最安全的赌注。

不高明的问题胜过错谬的答案

一提到说服的艺术，我们常常会想起以下这种模式：开场陈述，抛出观点，加以辩论。之后便是一长串的宣示、申述、论断、讲演、声明、公告，借此逐渐表明观点，漏洞越少越好，一口气表达的观点越有力越好，这是传统的做法。但是否有更好的方法呢？

我们很少把说服与提一连串的问题画等号。人们认为提问是被动的，不是主动出击，是这样吗？问题有时被视作无知的表现。问题让人看起来软弱无力、孤陋寡闻、知之不多、犹豫不决。虽然可能是别人让我们接受了这种观点，但是这与我的个人经历截然相反。通过提问，可以争取时间，获取信息，建立人际关系，从而达到简单宣称自己的观点所达不到的效果。

老话常说“没有愚蠢的问题”，我刚才提到的例子轻而易举地证明此言差矣，但有一点必须承认，有些问题的确考虑不周，措辞不当，缺乏智慧，然而即便是最愚蠢的问题，也远远胜过愚蠢的陈述式回答。

陈述式的表态，但凡从你口中说出，你都要为其负责，但是提问能为你打开一条出路。正因如此，在说服的艺术中，问题或许是最安全的手段。

不管你问什么，即使你错得离谱，都可以说："我不知道，所以才问你。"如果你是正确的，也可以说"我也这么认为"。你在获取信息，没有任何错，这就是听起来愚蠢和事实上愚蠢的区别。

听起来愚蠢可能是——"《罪与罚》的作者是谁？"

事实上愚蠢是——"托尔斯泰是《罪与罚》的作者。"

前者说明缺乏了解，后者则表明你自以为是。之后你口中无论说什么，都缺乏说服力。前者可能是坦白自己记性不好，后者则说明自己脑子不好，还不诚实。

那么该相信谁？提问中规中矩的老实人，还是说话明显出错的那位？刨根问底的那位，还是满嘴谎言却自以为是的那个？生意场上不乏为了支持自己的观点或做成买卖而信口开河的人，结果被当场拆穿，或稍后现了原形。一旦你说了谎话，便在与你交流或听你发言的人面前失去了信誉。

尽管稍后会就此再做详述，但是有些不那么愚蠢的问题，可以成就提问的艺术。如果你与我同车旅行，感到时间漫长不易打发，当我提起《罪与罚》（这也是我最喜欢的书），而你对此既不了解，也无兴趣，却又不想尴尬，不妨问问以下问题：

- 你觉得《罪与罚》的主题究竟是什么？
- 你觉得这本书的创作意图是什么？
- 《罪与罚》？哦，很有意思。高迪先生，这本书与你的司法工作经历有什么关联吗？
- 你喜欢《罪与罚》中的什么内容？

不高明的问题总胜过虚假的论断。我有一次听复活节的讲道，牧师说最后的晚餐上有使徒路加。路加？真的吗？当时并没有这个人，即使有他，十二个门徒里绝对没有他。如果牧师把这个论述以问题的形式呈现就好了，"路加当时在吗？""谁能告诉我门徒都是谁？""如果你在最后的晚餐上，会有何感想？"问题能帮你开辟出路——毕竟你想要的是更多信息。如果你在陪审团面前做出肯定的、宣示性的论述，但这些论述既不正确，也无依据，只会失去他们的信任。你可以以“在我看来”开头，但路加是否参加了最后的晚餐，并不取决于个人观点。

牧师的说服工作，说得文雅一点，是让人皈依。这可不是易事，说话必须有理有据。这种宣示性的论述只会让听众对你的全部努力失去信心，下面无论说什么他们也会闭耳不听。虽然这个失误纯属无心，但之后的观点无论多么令人信服也无济于事。

牧师错误地认为四福音书的作者之一在最后的晚餐现场，而事实上我们很多人可能也这么认为，会有严重的后果吗？可能没有，也可能我对此的反应，不过是把自己的信仰的斗争映射到别人身上，一位应该比我懂得更多的人身上。人生中有些错误无关紧要，有些却会要了人的命，很多错误在二者之间，而有些错误会让你直面心中的恶魔，进行更深刻的反思。对还未接受基督信仰的听众而言，这种并无恶意但显而易见的错误会有何影响？在传播本应是《圣经》真理的过程中，还会出现什么事实性的错误？这些都是更深层次的反思。

能说服自己才能说服别人

还记得前文提到的我那位聪明的医生父亲吗？他一生的最爱是南卡罗来纳“斗鸡”橄榄球队。我很确信，父亲对这支球队的热爱，远超过对我和我的3个姊妹的感情（尽管他对此予以否认）。他会在开赛前6个小时出发，把我们塞在镶着木板的旅行车上，慢慢悠悠地跟在别的车后面，为的是赶到赛场，站在看台上观看乐队热身。对，一点没错，不是看球员热身，而是在球员上场前看乐队热身。我们整个周六都会待在球场，而且只迟到过一次，其他时间从未迟到过。

我们住在斯帕坦堡的东边，开车右转上了州际公路，一路驶向哥伦比亚去看球赛。随后再向右转，就到了莱娜和兰迪家的路边。他们家有两个儿子，克雷和大卫。这两个男孩年龄比我略小一些，我对他们非常了解。莱娜和兰迪是我父母最要好的朋友，他们二位都是教师。我们两家都去同一家教会。兰迪的高尔夫球打得非常棒，他现在八十多岁了，风采依旧。无数个夜晚，他在路灯下看我挥舞球棒，帮我提高球技。我都称呼他“教授”，他在高中教物理，而且把课讲得很有趣味，真不容易。莱娜是中学英语老师，我对阅读的喜爱多半是源自在她课上读的那些短篇小说。我们两家的后院曾经挨着，足够凑成一个标准橄榄球场。虽然克雷和大卫年龄小一些，但我们仍然是玩伴，我十来岁的时候，还照看过他们。

我父亲为何会在球赛那天到他们家稍作停留呢？为什么我母亲坐在前排面无表情呢？为什么我们问父亲会在他家待多久，母亲却不回答呢？为什么母亲脸上挂着泪水呢？

父亲在屋内告诉他最好的朋友和我母亲最好的朋友，他们的小儿子大卫得了白血病。

人一生会问很多关于何人、何事、何时、何处及如何等问题，但是在最难回答的问题“为什么”面前，这些都微不足道。

大卫与病魔抗争，最终还是去世了。随他而去的是我们一起度过的天真无邪的童年。于我而言，取而代之的是一生的问题。

我们后来搬去了斯帕坦堡的另一个地方，离原来住的地方大概有一英里。新房子有3层，还有一个脏衣服滑运道，我们从顶层扔下的衣服，会神奇地落在地下室。然而在我看来最具特色的是有一个小衣帽间，我可以躲在那里，没人能找得到。那是我在内心深处与自己对话的地方。

> 我们从哪里来？是不是有个池子，里面装着一群灵魂，上帝可以从中选择？我是如何被选到了这家？灵魂能回收吗？大卫会回到人间做别人的儿子吗？他现在在哪里？我为什么没有兄弟？莱娜和

兰迪只有两个孩子，为何上帝还带走一个？为什么不带走我或者我的姐姐或妹妹？即使上帝带走一个，我父母还有3个孩子。

我不喜欢一连几个小时在草坪上割草，不喜欢一个人坐在旅行车的第三个座椅上，不喜欢早上4点钟起床，骑着电动自行车去送报纸，但我喜欢和自己说话。

这种与自己对话的习惯一直延续到今天。我经常问自己问题，而且准备向别人提问前也会预先练习。每一次在法庭上的陈词，我都在几周前推着割草机练习过。每次在国会的演讲，我都独自一人开着卡车在往返机场的路上练习过。在现实中发生之前，我都会在头脑中演练。我该如何提问？如果对方这么说，我该怎么办？如果对方如此回答，我又当如何应对？如何以相同的速度和敏锐处理“是”或“不是”？

所以，提问是多重因素自然导致的结果：第一，对我自己的能力缺乏信心；第二，认识到人类的本质是什么，随后承认这种本质（人人都渴望被倾听，因此如果我决定闭嘴，侧耳倾听，也是顺性而为）；第三，长时间不断在内心与自己对话，努力理解我所相信的，为什么相信，以及这些信念是否能禁得起公众的质疑；第四，随着时间的推移，我逐渐意识到，无论是在对话中反败为胜，还是缓和紧张态势，避免一触即发的冲突，都十分不易。提问似乎是沟通和说服的最佳方式，还能降低暴露自己弱点的风险。

回忆中，似乎我一直通过提问来说服别人，也同样借助问题说服自己。

三乘以零等于三

我之前说过，莱娜和兰迪有两个儿子：克雷和大卫。直到现在，克雷和我还是朋友，只是我们不像从前那样经常打高尔夫球。他结婚很多年了（妻子叫斯塔西，非常优秀）。克雷毕业于克莱姆森大学（人无完人），后来成为工程师。如果仔细观察，你会发现人生不乏对称。克雷的父亲让高尔夫球成为我一生的挚爱，克雷第一次一杆进洞时，我就在他身边。因此，我叫他“Ace球”，只有我这么称呼他。

克雷和斯塔西有两个儿子。大儿子叫大卫，二儿子叫大卫·马哈菲。大卫·马哈菲体格健壮、头脑聪明，他正在读大学。他也打高尔夫球，还曾经在我们两家近半个世纪一起打球的球场工作。

大卫·马哈菲在SAT①考试中数学部分的成绩比我的总分还高，这绝不是开玩笑，他可能比你的分数也要高。正因如此，我当然要跟他好好聊聊数学。我喜欢挑战，更喜欢挑战那些比我强的人。

问我自己数学题并非难事，我根本不知道自己的答案是否正确。向数学达人提问，是很大的挑战，这样的对话可不容易。如果要说服比我知识渊博的人，那么就要看是否掌握了说服的艺术。

“3×0等于多少？”我向年轻的大卫·马哈菲提问。

他看着我，好像我疯了一样。“0，高迪先生，这谁都知道。”

“大卫，我不知道，我不认为是0，0×3等于0，这我同意。但是3×0不等于0。”

“抱歉，高迪先生，确实是0。”

“谁说的？”

“人人都知道啊！高迪先生。”

“大卫，难道我不是人？你是因为我对无的理解与你不同，就贬低我的存在吗？难道我不是人？我不重要吗，大卫？”

“哦，高迪先生，任何数乘以0，结果都是0。”大卫回答道。

“不，大卫，我不这样认为，3×0等于3。你不可能让我的东西消失啊，我有3个东西，用无来乘，我的3个东西不可能消失。即使算式的结果是那

① 也称“美国高考”，是由美国大学理事会主办的一项标准化的高中毕业生学术能力水平考试。——编者注

样，我也不能让你认为有些东西不存在。我不允许，我更不支持。因为那是错的，大卫。所以，你想让我那么做吗？明明存在，你却想让我装作什么也不存在？”

当时，我们身边还有专业的高尔夫球手、两位助理球员、六七个推车工，那一刻我胜利了！

“大卫，我爱你。我家和你家是世交，你的爷爷教过我物理，你的奶奶是我的英语老师，你爸爸第一次打高尔夫球进洞时，我就在他身旁。顺便提一句，你能说因为你当时不在，你爸爸就没有一杆进洞吗？那是你所说的无吗？我承认0×3等于0，我一无所有，即使乘以3，也还是什么都没有。可是3×0不是虚无，我有三件东西，你能说我没有？你要矢口否认吗？你是想在同辈面前赢得数学辩论，就罔顾现实吗？大卫，我的3在哪儿？去哪儿了？我怎么能装作它根本不存在呢？你别拿什么公式来让我忽视已然存在的东西。你不可能得逞的。我非常意外，也十分失望，你竟然试图这样做。大卫，我的3去哪里了？”

可怜的大卫·马哈菲，跟疯子哪能说得清道理？有人认为3×0与0×3只是顺序不同，但恰恰是顺序影响了结果，跟这样认为的人辩论，可能有结果吗？我刚好擦完最后一根球杆，大卫看着我说：“高迪先生，我知道我是对的，可我没办法给你答案。我得回家让爸妈帮我一起想答案。尽管我千真万确知道任何数乘以0都等于0，但我无法解释清楚。”

我开车离开球场的停车场，再次感受到了人生的对称竟然体现在方方面面。

首先，不要轻视显而易见的道理，高中最后一次数学考试得了D、大学所有数学课都不及格的那个家伙竟然跟数学天才打了平手，至少这非常值得庆贺吧！

其实真正的对称在于马哈菲和高迪两家五十多年的交情。如果你只能记住一点，请记住说服的艺术不在于把别人争取过来，而是要拉近人与人的距离。问题（如果运用恰当）的力量本质上源自给予—获得，即说与听二者同等重要。当然，我本可以问大卫棒球和高尔夫球打得如何，也可以问他要选择什么专业。可是我决心刨根问底，3到底去了哪里。我希望这位擅长数学的小伙子，也可以学会沟通。既然你知道答案是0，那么请当着众人的面，顶住压力，说服我。说服、沟通、主张、联结是沟通的必要工具。

我敢肯定，大卫那天晚上回家问了父母如何将简单的概念解释给已经知道的人。人生不正如此吗？我们都想这样做，还要充满激情地进行有效沟通。

我相信，那晚马哈菲一家一定捧腹大笑，困惑为何一个如此缺乏基础数学知识的人，竟然能当选国会议员。克雷一定会说："议员不懂数学，这足以解释国家的财政政策。"

我完全明白的事情并不多，诸如为什么我会在地球上？为什么好人偏偏遇上厄运？"万事（无论多么黑暗或邪恶）相互效力，让人得益处。"我还没有完全说服自己接受这一观点，我想我永远也不会接受。我说服自己可以放掉那个问题，只享受提问和说服的艺术，把它当作建立联系和沟通的方式。在斯帕坦堡东边那个漆黑的小房间里，我问的关于大卫·马哈菲的问题，现在看来比当时更能说得通。我学会的不是躲避难题，难题往往指向真理，所以我要学会迎难而上。

你可能一开始会问一些十分愚蠢的问题。例如，"蓝袋子是什么颜色？"或者"我的家乡斯帕坦堡是以斯巴达命名的吗？"再或者"3×0等于几"，但在提问前，请先询问自己，再问他人。问题可以关于任何人、任何事，你要说服的人最后可能就是你自己，那时你会发现自己才是最苛刻的陪审员。

第二章

微妙的说服艺术

说服艺术的要义

先从蒂姆·斯科特参议员的车后说起。我们当时在南卡罗来纳州查尔斯顿的一家餐馆，准备吃顿简单的午餐，偶然间看见他的小轿车车牌上印着US SENATOR 2①。

“车牌上那几个字你打算怎么办？”我打趣道，“人们都在盯着你，超速、换车道不打转向灯、音乐声音太大，一旦发现你违章就会给当地电视台或电台打电话，把你送进去。这还不包括那些对你某次投票不满的人，他们可能会拿钥匙刮坏你的车。为什么要放这么高调的车牌？”

他笑了笑，问道：“特里，你去年被警察拦过几次？”

“我想只有一次开车从艾肯回来的路上。”

“你害怕吗？”

“我担心保险费会涨，仅此而已。”

蒂姆·斯科特刚才还很开心，却突然变得深沉、严肃起来。“特里，当选之后，我一年被拦下7次，7次！我希望警察知道我不是威胁，特里，我只想平平安安，好好活着。”

① 美国参议员2。——译者注

蒂姆·斯科特是我在这个世界上见过的最温柔、善良且彬彬有礼的人。他与人为善，对任何人都很客气，他的脸上始终挂着微笑。他说的“我希望警察知道我不是威胁，我只想平平安安，好好活着”是什么意思?

于是我又开始了自我说服之旅，在我觉得亲近的人面前，思考刑事司法改革、种族主义以及某些人如何看待执法等重大问题。这次说服始于那天下午的一个问题，即我去年被执法人员拦过几次。

这背后的原因是我关心他会如何回答相同的问题，或他有过什么经历。他从容、客观地讲述自己的人生经历，那份真实着实打动了我。我只被警察拦过1次，而他却被拦7次。那天之后，我开启了长达一年的心灵旅程，说服自己即使是美国参议员，也会因为是黑人，而有着与我不同的和执法人员打交道的经历。然而这种改变是循序渐进的，它需要时间。但我最后还是被改变了。

这就是说服。

蒂姆·斯科特说服我从别人的角度看待执法，而不只是固守自己的立场，我的父亲是白人医生，我当过公诉律师，与身穿蓝色制服的执法人员打交道没有过不愉快。他说服我去思考为什么有色族群不愿意配合，不愿意对警察做无罪推论，不愿意在涉及警察的枪击案中盲目地接受执法人员的观点。他推动我从一个立场走向另一个立场，虽然这个过程无声无息、循序渐进，但是其影响却是真实而持久的。

在说服我的过程中，他展示了要成为一位令人信服的辩护人或信使必不可缺的特质——愿意被劝说或说服。你不会听到蒂姆·斯科特在提及执法时用到“常规停车检查”这个词；你不会再听到他这么说；你也不会听到他把“家暴报警电话”说成执法人员一天工作中接到的“普通电话”。蒂姆·斯科特会告诉你，他相信如果是你主动拦下一辆车，那绝不会是“常规停车检查”。他会告诉你，尽管执法人员处理报警电话的频率很高，但是有些最危险的电话事关所有相关人的安危。他所用的词证明他有能力问自己重要的问题，而且他本人可以被说服。

他说服我思考有色族群如何看待美国的司法制度和执法机关，为此他做了一件更具说服力的事。他也让自己从全新的视角看待问题，如思考警察的生命，思考与那些“常规电话”相关的风险，思考警察在拦车时会想些什么，毕竟他们不知道司机推开车门的那一瞬间会发生什么。

他推动我，也推动他自己，从一个视角转向另一个视角。这是明显的变化，也是说服艺术的要义。

最具说服力的也是最容易被说服的

我希望你能摸着良心问自己一个问题，并且真实作答。你真的愿意改变立场，改变看问题的方式，或考虑换个不同的视角吗？

如果你尚且不愿意，凭什么指望别人愿意呢？我并不是要求你放弃执念。只是希望你能换个角度审视自己的观点。

可以举个例子。

当公诉律师的时候，我有七八次争取死刑判决。小时候，如果你问我为何支持死刑，我会说，当有人想要取他人性命时，死刑可以起到震慑作用，我甚至可能会争辩说这符合《圣经》经训。杀人应该偿命，毁坏了别人的梦想，也应该承担相应的赔偿责任，这在年轻人看来天经地义。

20岁左右的时候，我曾说服了自己，我的观点并不正确。事实上，死刑并不公正，而且从《圣经》的角度看，也并非无懈可击。我不仅说服了自己，而且也努力劝说别人。我在得克萨斯读大学时，母亲会给我邮寄斯帕坦堡的报纸，让我了解家乡的情况。记忆中，让我印象深刻的一条报道是，当地的检察官要求判处一位名叫杰思·基斯·布朗的男子死刑。我对具体事实一无所知，既不知道嫌疑人的犯罪记录，也不知道受害者生前的状态及其家属的情况。这些高度相关的事实，在一个正从青春岁月中努力找寻另类对称的年轻人看来，并无多大意义。因此，我给检察官写信，请求他重新考虑在本案中给出死刑判决的决定。

信是用工整的印刷体写在信纸上，虽然言语客气，但内容更多是用结论性的语言来论述，并没有多少理性分析。你可能会问，我怎么记得这般清楚？因为收信人正好是我竞选检察官时的对手，那封信也刚好在选举前一周登上了当地报纸的头版！35岁的我重温20岁时的理想信念，惊讶于彼时自己的字迹竟如此糟糕，因而我当时确信，寻求公职无望。因为我作为检察官候选人，将来也有权决定是否判处嫌疑犯死刑的检察长，竟然在大学时就不认同死刑。

人生总会让你反复审视自己的理想及背后的原因。20岁时，我思考生与死的意义；35岁时，我有了妻子和两个孩子，家庭幸福美满，可内心深处总因一位朋友的遇害而久久不能释怀。35岁的我，要向一位母亲解释其儿子是怎样在贩毒案件中做人证而遇害身亡，这实在是太让人痛心的事情了。当时我在美国检察官办公室，负责起诉这起案件。命途多舛，每个人都会有所改变，只要我们能提供合理、合情的解释，人们就会容易接受改变。

如今，我的两个孩子已经20多岁，其中一个在读法学院，她也经历了和我当年一样的内心独白。她知道自己的父亲起诉过死刑案件，也知道大学时的我不认同死刑，她希望了解现在的我如何看待这个问题。当下我已经55岁了，在我看来，有些罪行十恶不赦，有些罪犯完全置他人的痛苦于不顾，屡次犯罪，于这种人而言，或许死刑是罪有应得。应该少用死刑吗？应该！应该只用于罪大恶极的案件，罪不可恕、无可救药的被告吗？应该！

我就这样说服自己，也愿意听取其他观点，即便这些观点仅出于我自己。

因此，你自己可以被说服吗？你愿意倾听其他基于事实和逻辑的论点吗？你接受新的思考或聆听的方式吗？如果愿意，你已经在掌握说服艺术的道路上迈出了一大步。如果你不愿意，也坦率地问自己，什么才能说服你？

如果你是可说服的，说明你能接受新事实、新观点、新视角。被说服并不意味着你容易受骗、天真或软弱，反倒说明你不愿意束缚自己，有强烈的愿望和能力接受更多信息。如果你是可说服的，说明你已经问过自己一些艰涩的问题，而且为了寻求真相，你会选择从不同的角度看待同一观点。因而，每次你寻求真相时，往往会调整自己的视角。另一方面，如果只是为了证明自己正确抑或是为了占上风，那么你会离真相越来越远。能被说服的人会选择寻求真相，全面思考问题，他们不仅更有决断力，而且还具备了卓越的说服力。

说服并非胁迫、辩论和争论

在法庭上说服别人，既容易，也难。容易的原因是，那群你要努力说服、并愿意接受意见的是陪审团。如果拒绝被说服，他们无法成为陪审员，因为这是这一职责不可缺少的品质。要知道固执的人是没法被诉讼一方选中担当陪审员角色的。

接下来，我来解释为什么难。你必须要有高水平的能力来说服全部陪审员。换句话说，必须要说服他们“超越合理怀疑”。超越合理怀疑不容易理解，有时用“坚定相信”能更好地表述。你必须要坚定地说服所有陪审员相信同一件事，从而在刑事案件中达成有罪判决。

好好想一想吧。

在政治领域，赢得65%的人可称之为“压倒性多数”。人们可能会把你写进歌谣，把你的头像刻在拉什莫尔山上。你的头像甚至可能印在崭新的美元上。人生的辩论，如果能赢得其中的65%，也一样了不起。想象一下，假如自己65%的时间都花费在选择餐馆或电影上。然而在法庭上，如果你只能说服65%的人，那么结果则是场场皆输。即便成功说服了99%的人，在法庭上也等于失败。要么100%，要么满盘皆输。

因此，看到“说服”这个词，你想到了什么？脑海里浮现出哪些词？你想到的是强迫别人接受你的立场吗？你想赢得辩论吗？你想拥有无与伦比的辩论和修辞技巧吗？我曾经把说服误以为是辩论或迫使别人做某件事，但是30年来运用说服的艺术，使我有了完全不同的感悟。

说服不是胁迫

说服不是打消耗战，让别人选择屈服，接受你的观点。老话说得好，“可以牵马到水边，却不能强迫马饮水”。在任何重要议题上说服别人也是同样的道理。你可以用宣示性的陈述，通过提问，或者展示你的态度、真诚和经验，推着别人得出自己的结论。你也可以提前设定目的地，切断回头路，让别人沿着你开辟的道路一路行走、寻找、交谈，最终到达你想引导他们去的地方，当到达目的地时他们都以为这一路都是自己在做决定。

真正的说服艺术是教学，却又分不清谁是老师、谁是学生。

说服不是辩论

与常识相反，最佳辩手并不一定能成为最杰出的政治家，或最优秀的律师，更不一定擅长说服。辩论是科学，说服是艺术。在辩论场上，你看着钟表，留意何时才能轮到自己发言。在说服他人的时候，没有钟表可依。我们不仅要学习审时度势，判断有无开场，而且更要知晓何时参与其中。辩论者属于最能言善辩的讲者，说服者则属于技高一筹的听者。伊丽莎白・沃伦可能是技压群雄的政治辩论家，他们都掌握了科学的组织论点的方法，陈述事实，条理清晰，论述亦胸有成竹。

在我看来有些最具说服力的议员未必能赢得辩论赛，他们也不能入选辩论赛。他们之所以颇具说服力，是因为即便我不投票给他，他对我们正在讨论的立法案也会知无不言。伊莉斯・斯特凡尼克的说服力则源自她的谦卑、周到和真诚。彼得・威尔士的说服力在于他积极、投入且善于倾听。吉姆·西姆斯之所以能打动人，主要是因为他在该让步的时候做出让步，并积极寻求共识。

人生亦如此。最能打动我们的人也许会犯语法错误，讲的笑话往往单调乏味，在用幻灯片演讲时可能会中断思路，要停下演讲来想一想，但他们都是真实且毫无伪装的。

在法庭上，我不害怕最聪明、嗓门最大、最了解证据规则的辩护律师。真正让我畏惧的，是那些能与陪审团建立联系，使陪审团相信不会被误导，以及那些生来就具备良好的直觉，即使陪审员无法说清问题，也明白他们意图的辩护律师。在技巧与真实之间，记得要选择真实；在技术优势和讨人喜欢之间，应当选择讨人喜欢；在辩论和说服之间，一定选择说服。

说服不是争论

我认识很多擅长争论的人，所以哪怕最惬意的一场聚餐，也能被他们变成战场。争论过程中，他们宣示性的陈述一个接着一个，往往音调高扬，原本是要与人沟通，结果成了一场争高下的辩论。争论并不具有说服力，所以无法赢得争论。因为争论本没有输赢，它本就是为了激怒、调动情绪。生活中，争论在所难免，但这不意味着不尽量减少争论。人真正持久需要的，是调动沟通者之间有更美妙的交流体验。

尽管我知道有人说法庭上有“闭幕争论”，但请相信我，从我经历的无数场审判来看，法庭上的最后陈述并无争论的成分，那纯粹是通过讲故事打动人心。你只是在试图打动那些几天前你还不认识的人，从而在消极和痛苦中寻求共识。他们并不希望有人冲着自己大喊大叫，只希望听好话；他们不想被说教，只希望说理；他们不希望被告诉应该如何做（人们骨子里对此有抵触）；他们希望能被自己信任的人引导，并朝着自己思索的方向走，或者能有基于事实和逻辑的理由可以让自己改变方向。

权力和影响力有着本质的区别。虽然你有权力强迫儿子或女儿星期五晚上待在家里，但是影响力可以产生更持久的效果（让孩子们喜欢上你）。

人生漫长，争论无法避免。有时候运气不好，或正在与我们沟通的人给我们带来难以忍受的麻烦，只要我们能在日常生活中化争论为说服，人生就会变得有意义。无论是劝说别人换个角度看待不同族群，向心有疑惑的同事介绍某个项目，在飞机上让别人跟你换个座位，方便你坐到爱人身旁，还是让父母承认Bono（爱尔兰音乐家保罗·大卫·休森的别名）真的是位诗人。你看，说服随时都可以发生。

说服需要诚挚的态度

可以把说服看成变化、运动或循序渐进的。后文（第五章）将详细介绍有效衡量的标准，暂且把说服看成向另一个地方迁移。

虽然确实有引起过多关注的大规模转变，但是这类情况毕竟是少数。有人从原本持守的宗教信仰转向截然相反的立场，有人从进步派变为保守派，也有人从保守派变成进步派，有人原来是达拉斯牛仔队的粉丝，后来却转而成为华盛顿红人队的球迷，我一生中只遇到过一位有如此变化的人，那个人是我的父亲，从美国国家队的球迷，完全倒向了华盛顿队。

实现微小的变化，促成轻微的运动，发生微妙的推拉，这些更容易成功。

说服体现在让爱人观看体育比赛而不是爱情喜剧；说服体现在既然家里装了SEC网络电视，索性也开通Hallmark频道；说服体现在让老板给你提成，奖励你的付出，而不是因为工龄到了才加点薪水；说服也体现在让十几岁的孩子晚上10点回家，而不是11点才打道回府，因为他们第二天还有紧张的安排。人生是由这些决定微小、循序渐进的运动组成的，从中立态度转向新的观点，从一直持守的立场转向另一个立场，或单纯从稍微不同的角度看待熟悉的问题。

在政治领域，运动往往是微乎其微的。目前我们面临的政治环境就是如此，绝对的说服异常艰难。当然也有一些例外值得关注，但是之所以难以说服别人，部分原因是对方被说服的意愿不强。

基尔斯滕·斯尼玛是亚利桑那州的进步派参议员，她是坚定的民主党员，且是个难以被说服的人。我们都在国会供职时，斯尼玛有次在会场找到我，坐在我身边，说："我在考虑投票支持这部法案，我们来聊聊吧。"斯尼玛丝毫不掩饰她的犹豫，也愿意考虑对方的观点。同样，她期待你也能毫无偏见地听她讲述她的立场。此外，也有少数其他议员对说服别人或被别人说服持开放态度，但这类情况实属罕见（而且让人为之振奋）。

在国会里实现政治变化的可能微乎其微，即使是在家里谈论有浓重政治色彩的话题，想要出现变化也同样不易。例如，无论是家长还是孩子，都认可教育的重要性和必要性。谈到教育平等、课程大纲应该由谁制定、大学教育是否应该"免费"（"免费"的定义是什么）这类话题，原有的共识便立刻烟消云散。虽然应该在事实和礼貌的基础上讨论教育，但假如话题从教育的重要性转向为教育买单，想要说服别人就困难了，因为这类议题增添了政治色彩。

在现实生活中，我们有意无意之中都在说服别人。晚上下馆子，还是在家吃？我们应该搬到小镇的那边，还是去外地？我们应该养狗还是养猫？你（究竟）能不能割草坪？你要听这首歌吗？如果要改变别人对刑事司法改革的看法，难度就会大很多。

如果对方已经对某一观点有了坚定的立场，你试图去说服他，就必须先摸清这一话题的基本情况，你需要了解你的听众，知道他们的关注点。蒂姆·斯科特提出的事实和证据让我质疑自己的立场，因为他了解我，也知道我在刑事司法改革上的立场，所以能够委婉地提出问题，继续在这一议题上向我提出挑战。他用真诚打动了我，这是唯一且最棒的说服方式。

如果我们不再想着高声呼喊，而是想着被倾听；如果我们不再想着去赢得争论，而是想着去打动希望争论的人；如果我们把想到的最尖锐的问题留给自己，世界也会安静下来，多了许多融洽，少了些许戾气。

第三章

说服前的准备

机会只偏爱有准备的人

戴娜·萨特菲尔德是一位年轻貌美的女性，她已为人妻，且当了母亲。她在南卡罗来纳州的罗巴克经营一家发廊，因为她工作努力，所以深受家人和客户的喜爱。

我第一次见到戴娜时，她已没有生命迹象了，身体半裸着，被一条化妆包的带子吊在发廊的热水炉上，发廊就在她的房车里。

1995年7月，戴娜遇害，案子拖了10年。我仍清楚记得那一天，查克·莱特警长打电话告诉我，十几年过去了，他们准备逮捕嫌犯。“特里，你坐着呢吗？”他问我。我没有，我正在城外和几个朋友打高尔夫球，我的朋友莱特警长根本没有给我坐下的机会，就大声说道：“戴娜·萨特菲尔德那个案子，我们准备逮捕嫌犯了。”

1995年，戴娜遇害的时候，查克·莱特还不是警长，我也不是检察官，在南卡罗来纳州北部，这桩案件几乎无人不知。戴娜的尸体被发现后，媒体的报道铺天盖地。关于谁是凶手，各种谣言满天飞，有人说是她的丈夫，有人说是当地一名官员。尽管谋杀案并不罕见，但是一位年轻女性在自己的店里遇害，且事发地点在交通干道旁，人烟稀少，这种情况并不多见。案件拖得时间越长，谣言越是层出不穷，遇害者家庭的噩梦也就更久。

案发时，被逮捕的约纳森·维克才17岁，还是一位意气风发的高三学生，他没有犯罪记录，警察却在戴娜的发廊里发现了他的DNA。原因为何？他为什么会在那里？他与遇害者互相认识吗？如果辩护律师知道戴娜和丈夫当时已经出现婚姻问题，那么会如何处置？有一位在城外上门推销的女人当时声称在案发时看见有人从发廊里跑出来，这位目击者在哪儿？10年后还能找到她吗？她是否还在世？这起案件有数百条线索，还有许多其他嫌疑犯，相关调查也取得了一些进展，我们该如何推进？最重要的是，探长的卷宗里有一张便签，上面写着“约纳森·维克没有杀人”，我们又该如何处置？

我们都看见过自己关心的人聚精会神到几乎着魔的样子，为了去某所学校上学而着魔，为了赢得他人的爱慕而着魔，为了一份工作、一辆车或一段感情而着魔。勤奋与着魔的界限并非泾渭分明。如果说有一种着魔可以被理解，那应该就是为这位被杀害的年轻母亲伸张正义。

庭审原定于2006年秋天，大概离逮捕有一年的时间。在这一年的时间里，我尽力掌握关于戴娜和这起案件的每一个事实。我甚至花费了更多时间设想辩护律师会如何为约纳森·维克辩护。

那时，新世纪初，我的父母会在夏天带全家去海边生活一周。当时我的孩子一个13岁，一个9岁。毫无疑问，他们喜欢在沙滩上玩耍，或与他们的妈妈一起用沙子盖城堡。那段时间他们的妈妈似乎成了单亲妈妈，因为我虽然身在海边，心却放在案件上。我整日钻研，带了几大箱材料，希望能在秋天为戴娜·萨特菲尔德和她的家人打一场胜仗。我对待每一桩案件都很认真，尤其是谋杀案，可此前却从未像戴娜的案件这样卖力。一部分原因是我知道辩护律师会把矛头指向她的丈夫，世界上没有什么比失去妻子还被冤枉成杀人凶手更委屈的了。另一部分原因是戴娜的孩子，尤其是她的女儿艾世丽当时已经出落成大姑娘，而母亲遇害，案件悬而未决的阴影一直笼罩着她的生活。我之所以为戴娜辛苦付出，更是因为无法想象，如果自己关心的人像她一样被侵犯、杀害、衣不遮体，而且被摆成从热水炉上吊死的样子，仅仅是想想都心痛不已。

我像着了魔一般，一点点挖掘能收集到的信息。无论是开车、在高尔夫球场打球，还是任何闲暇时间，我都在梳理案情，思考如何陈述案件，并且设想每一种可能的结果，每一个辩护律师或约纳森·维克口中可能说出的词，我都会提前准备好回应或反驳。

我花了无数个小时问自己：

为什么死者的肚子上有维克的DNA，其他地方却没有？

维克会说是被栽赃或者犯罪现场处理的时候出了差错？他会说他是顾客，DNA是之前留下的吗？他会说与遇害者自愿发生了性关系，“真正的杀人犯”一定是之后才到的吗？

如何处理死者的婚姻问题？我相信戴娜的丈夫与谋杀无关。我也确信，以他的身材，不可能从房车狭小的窗户里爬出去，像杀人犯那样顺利逃脱。我如何毕恭毕敬、透彻诚实地说服陪审团？肯定会有很多艰难的问题等着戴娜的丈夫。如何既问他难题，又让他显得不缺乏同情心？我们如何在这起案件中先发制人，让陪审团觉得我们没有隐瞒实情？作为公诉律师，最好先诱导可能不利的信息，而不是等着被告的辩护律师去提问，因为这样可以树立陪审团对你的信任。这就是通常所说的“先把刺拔出来”，在这起案件中如何做到呢？

指纹在哪里？美容院里没有发现维克的指纹。检察官和警察都知道不是谁摸到物体都会留下指纹，有些指纹可能会保留很长时间。但是普通陪审员都看过《犯罪现场调查》《法律和秩序》这类法医证据为王的电视剧。他们期待的是法医证据，我们该如何满足他们的期待，或者解释电视剧与现实的差别？

毛发呢？戴娜身上发现的毛发和维克并不匹配。这意味着什么？她把衣服带去自助洗衣店了吗？毛发有可能来自洗衣店吗？是否证实了辩护律师关于婚姻不和的观点，因此存在其他有动机的嫌疑犯？受害人身上的毛发间题需要解决，但是如何解决？戴娜身上有别人的毛发，但是毛发又不是维克的，这可不容易解释清楚。

我清楚记得自己坐在海边度假屋的门廊里，一遍又一遍地看着犯罪现场的照片。如果这里有问题，我一定要找到。与我一起处理案件的两位检察官是百利·J. 巴奈特和辛迪·S. 克里克。因为我更像艺术家，百利的思维方式像科学家，而辛迪则两者兼有，所以这正是我所需要的。如果辩护人认为维克和戴娜自愿发生了性关系，之后“真正的杀人犯”才到场，我们需要辛迪在法庭上发挥自己的特长。无论是犯罪现场的照片，还是尸检结果，都显示戴娜在案发时正处于月经期。我们是否可以说服陪审团，一位已婚且处于经期的母亲，不可能在自己店里的浴室地上，和一位17岁的顾客发生性关系。

后来我在案发当天晚上执法人员拍的浴室地面的照片里发现了端倪。浴室在发廊的另一边，离戴娜为顾客理发的工作区还有一段距离。她的身体在照片的上方，而我的眼睛却盯着照片的底部，就在门的旁边，有毛发，几根毛发，但并不是发廊里常见的碎发，而是公共厕所里地面上常见的阴毛。于是我想通了，我知道为什么不属于维克的阴毛会出现在受害者赤裸的身体上。那些毛发很难发现。那张照片需要在法庭上放大，发现毛发就在那里，为我们面临的最棘手的问题提供了答案。她是从浴室的地面上被拖到热水炉房的，尸检发现的毛发正是从那而来。那些不是杀人犯的毛发，而是杀人犯在地面上拖拽尸体时沾上的。

我知道维克杀了戴娜，也知道17岁的年轻人不会第一次犯罪时就杀人。他为什么这样做呢？为什么他第一次犯罪就会暴力杀害一位年轻的母亲？这其中缺失了什么？

再回到卷宗里的那张便签纸：约纳森·维克没有杀人。这句话说得十分肯定，但是这话不是出自被告的母亲，而是来自调查这起案件的探长。这位探长怎么错得如此荒唐？

过去10年的无数其他线索呢？执法人员跟几十个目击证人问过话。他们甚至在案发后不久就讯问过维克，但并没有把他当作嫌疑人。在没有合理怀疑或许是其他“嫌疑人”杀了人的情况下，如何解释调查是彻底的？毕竟探长写的是维克没有杀人！

陪审团出去不到30分钟，连一顿饭或抽根烟的工夫都没有。

陪审团在不到30分钟的时间内就做出了结论，这似乎意味着我不必花一年的时间研究戴娜的卷宗。30分钟或许意味着我这一年多的担心是白费了。或许正相反，也许正是因为我花了一年多的时间，无论是开车、洗澡还是散步，都在研究、准备、猜测和担心每一个观点和每一个反驳，陪审团才在不到30分钟的时间内判定。虽然案件已经过去10年，但维克的确是杀害戴娜的凶手。

约纳森·维克被认定有罪，判处终身监禁。

戴娜的案子并不是在陪审团面前做最后陈述时才赢下的，此前的几个月就已经赢了。3位检察官月复一月，在一年多的时间内放下自己的生活，为的是比别人更了解死者生前最后一晚的情况，从而准备用最有效的方式向对案件一无所知的12人陪审团做好陈述。

你知道自己在试图说服别人相信什么吗？我的意思是，你真的知道吗？你知道问题是什么吗？你是否彻底研究过，各方面都分析过，并且在脑子里也对比验证过？如果你真的希望说服别人接受新的观点，你不仅需要明确知道希望通过自己的劝说实现什么目标，而且必须知道问题是什么，事实是什么，或者努力说服别人接受什么观点。

和我一起生活过、共事过的人都知道我的口头禅。每次我意识到又要第一万亿次开口说“机遇只偏爱有准备的头脑”，其他人都多少会有些尴尬。这是路易斯·巴斯德的至理名言，很少有什么事会无故发生，很少有人会单凭“运气”而成功。有准备的人生才会有收获，虽然有准备无法保证你一定会成功，但这是避免失败的最佳方式。机会从何而起？从理清事实而起。

理清事实，明确目标

事实是实际存在的，具有客观真实性。事实有时需要证明，有时又无法证明（虽然令人沮丧，却也的确如此）。无法被证明的事实影响你的说服能力，却不会改变事实的存在。所以，什么是事实？你能否将事实与信念区分开来？你能否将事实与观点区分开来？你能否将事实与情感区分开来？以上这些都是人生不可或缺的要素。但事实是构建能获胜的观点或立场的最重要的基础性要素。

如果你的目标是说服，那么必须要完全掌握事实。你是否做过功课？你是否将自己对税率的感受与关于税率的事实做了区分？你是否将自己对社会学专业的认识与社会学毕业生能做什么和不能做什么的事实做了区分？社会学是非常好的专业和研究领域。但如果有人说："社会学的毕业生读法学院会比其他专业的学生有优势"，这种说法是否有事实支撑可想而知。如果有人说："我相信社会学能为你读法学院做好准备"，这是无可挑剔的观点，但是观点也要符合事实。如果有人说："我觉得社会学专业的毕业生在法学院的表现很好"，这是他个人情感的表达，但是无论他的情感有多么强烈，仍然需要符合事实，而且甚至应该与观点保持一致。所以，你是否搬运了事实？你是否在表达自己的立场或观点之前做了调查？你做了什么？你如何在抛出立场之前做好研究？

坦率地说，小的时候，我的大部分观点都来自父母或者其他成年人。我的父母很精明，也很谨慎，尽管他们的立场是基于自己的信念、情感或观点，而不是事实，但我认为他们的立场至少是出于好意。我的父亲是医生，这是个以事实为准绳的职业，所以他的任何立场都强调以事实为依据。另外，我的父母又非常保守，他们看重精神信仰，在他们身上既有事实、信念，也有观点和情感。这些都值得评估、重新考虑和重新组合。成年之后，我发现事实最容易被证实或辩驳，因此我选择关注事实。

1650年，奥利弗·克伦威尔恳请苏格兰教会的全体大会不要宣誓对王室效忠，他说：“我在基督的腹中恳求你们想一想自己可能是错的。”换句话说，你们可能是错的，即使这是一种遥远的可能性，也请你们三思。我不知道在别人腹中请求是什么感受，但是这个建议值得重视。我们隔多久会重新评估自己的立场？我们隔多久会在决策过程中吸收新的信息？有时，一个简单的事实会改变你对问题的看法。

如果你知道一个人打了另一个人的事实，你会得出某种结论。如果你考虑到了真相是出于自我防卫，则会做出不同的结论。如果你考虑到了一个人打另一个人的原因是为了保护儿童或其他弱势一方，你可能又会得出完全不同的结论。事实影响结论，除非只有等到所有的事实都被了解了、处理了，才能发现真相，所以必须要不断地发现事实。

每次要做出某种断言或陈述某一观点之前，我都会先走一遍流程。不妨考虑一下这套流程或模式是否对你有效。如果无效，请建立自己的流程。这套流程一定包括得出结论以及知道通过这一结论希望达到的目的。

首先，我问自己，我知道什么？

其次问，我如何知道的？

最后问，我所知道的有何局限性？

对于信念也是如此。

我相信什么？

为什么相信？

我还考虑了其他什么选项？

以一个讲道理的人可能而且都会有不同意见的问题为例：给愿意送孩子去私立学校的父母减税。这个问题你了解什么？你的消息来源是什么？择校对学生更有利的证据是什么？减税对公立学校有何影响？并非每个人都会选择去公立学校，所以你认为公立学校是造福整个社区的基础设施吗？如果你的结论是去公立学校，那么你认为减税是必须的吗？换句话说，如果你把孩子送去私立学校，你的纳税应该仍然支持公立教育吗，还是应该根据选择的学校享受免税？如果对你的孩子有益，那么是否对其他孩子也有益？是否对整个社区也有益？这是你的责任吗？

我不知道自己对这个问题的看法究竟是什么，我只看到了问题的两个方面。我在政界最好的朋友蒂姆·斯科特深入研究了这个问题，并且对教育选择的话题充满热情。我生活中最好的朋友特莉是公立学校一年级的教师。我在这个议题上的立场或许是因为受到了特莉的影响。我依旧实事求是地收集事实，从中得出合理的结论。

我们这代人没有理由不去收集事实，我说的是真的！我们的手机上就有信息！我们的父辈定期更新百科全书的日子不复存在，每个月去一次公共图书馆的日子也不复存在，现在是信息瞬间可得的时代。

论文、研究成果、学术作品、教科书，这些都是具有权威性的信息来源。相关主题的专家论述，许多可以第一时间看到。事实从未像现在这样容易获取，获取信息的挑战或许在于如何辨别真假。如果你的目标是准确，能够有效地交流，那么花费时间来分辨真伪并不是什么高昂的代价。获取信息和质疑的眼光，二者必不可少，而且应该随时可得。

很多时候，即使是完全相同的一组事实，两个人也会得出截然相反的结论。正因如此，我们才需要培养说服的艺术。如果我们面对同样的事实，得出同样的结论，我们的家庭、社区和国家也不可能有差异。获取信息与有效传递该信息终究有差别。尽管我们都认识一些在某些领域是专家的人，但是在雷雨天气，他们也不能把我们劝进屋。事实不等于说服，如果不先收集所需的信息，你也不可能成为始终有效的说服者。同一问题的两个方面往往都有“证据”，虽然让人沮丧，但这也是事实。我时常对女儿阿比盖尔说：“地球是平的是有证据的，正如我脚下站立的土地。”但毫无疑问，我不会对此加以演绎，将其变为科学的观点。

总而言之，假如你有自己的事实，也得出了自己的结论，准备和别人展开交流。但他无法像你一样了解要谈的问题，又秉持不同的观点，这该怎么办呢？

首先，你要问自己：你的目的是什么？

开口以前（在向别人提问之前），先应全面深入地自省。你要问以下问题：

1. 你想点火、拱火，还是灭火？

2. 你想让别人接受你的思路吗？

3. 你想让与你交流的人带着不同或全新的观点离开，且愿意重新看待这个问题吗？

4. 你想在一些方面达成共识，而在其他方面有所不同吗？如果是，你愿意在哪些方面做出让步？

5. 你只想争论吗？

如果你不知道自己的目标，那肯定不可能实现目标。如果在开始对话时就不知道要实现什么目标，你可能将一事无成。所以，你想做什么？教育？改变？微妙地说服？还是激怒？

因此，你要了解事实。

你要知道自己的目标。

更要了解自己！

你将如何组织自己的观点？你是准备一开始就奉上最有力的事实，还是渐入佳境，实现专家所说的“最近效应”（也就是经常有人提到的，人更相信最后听到的内容）？远比我聪明的人会争论，到底应该有个最有力的开头，还是应该有个最佳的结尾。几乎所有人都会告诉你，不要把最优的事实或论点藏在中间。首先，我的建议是拿出最佳的事实，接着陈述第三好的事实或论点，第二好的事实留在最需要的时候。这是我的策略。有点像玩扑克牌。除非A在自己手上，否则没人打A的时候，你万万不可出K。在说服的时候，因为你要自己做牌，自己起牌，你有K，也有A。先出A，再出Q，当你需要拿出真正有力的事实或者回应的时候，再亮出K。

事实在你手中，优先顺序要心中有数，你知道哪些最重要、最具说服力且最有可能说服别人。你可以预测到自己的知识不足，做好辩护或表达观点的准备。你要考虑自己的目的、目标和最有可能的实现路径。

最后一点，你怎么知道自己到达了终点？你在头脑中定义过自己的成功吗？你有明晰的目标吗？有时候，这个目标一清二楚，例如法庭上的判决或者选举当晚的投票结果。在生活中更难定义成功，正如之前讨论的那样，说服是运动，运动的幅度可能很小。如果你坐下来和青春期的女儿交流，为了让她认同在身体某个部位上穿孔是浪费时间和金钱，那么难度要大于让她等到全家拍完度假合影再做考虑。如果你的目标是让儿子像海军陆战队士兵一样整理床铺，那么这个目标未免太高了。我的目标是让我的儿子把被子简单整理好，让他妈妈知道他在努力就好。

说个秘密，孩子小的时候，我不会给他们洗澡。因为我既不擅长，也不喜欢，所以当年每次特莉找我帮忙时，我给自己设定的目标跟你们想象的或许不一样。虽然我的目标是同意她的请求，表明我的意愿，但我搞得一塌糊涂，让她觉得还不如自己去做。哇哦！过了这么多年，我终于承认了自己的诡计，感觉如释重负！我的目标是“尝试着干”，即便最后水溅得四处都是，我又没把孩子的睡衣放得远一些，最后他们的睡衣都湿透了。有时候，他们的头发上还留着洗发水，洗完澡还像喝了两杯浓缩咖啡一样，丝毫没有困意，不愿意上床，也不愿意睡前读书。所以，我有两个目标，一是交流合作的意愿，二是同时确保他们不会再找我“合作”。成功是什么呢？成功就是特莉恼羞成怒地说：“哎，还不如我一个人把活干了。”“好吧，如果你非得这么说，我也没办法。亲爱的，我愿意给你搭把手。”

但愿你不像我那样毫无底线，还总口是心非，希望你在说服别人时，确定目标且衡量好成功的方式。

孩子小的时候，我的确不擅长带他们，等到他们长大成人后，我着实提供了不少帮助。孩子从青春期到成年，经常来找我探讨他们的目标。我该学什么专业？我该读哪所法学院？我应该去国会的委员会实习，还是应该跟着议员实习？这些问题都不错。但是我会换个顺序提问：你以后想干什么？你想当法官还是州议员？你想教法律还是想做律师？你想挣大钱还是想有更多自由的时间？告诉我你的目标是什么或者想干什么，之后我们再计划帮你实现目标的路线。说服也是同样的道理。了解自己的目标，掌握自己的真实处境，明白什么是成功，然后再做规划，目标就容易实现了。

第四章

了解“陪审团”

面对真实的世界

职业生涯中，第一次站在陪审团面前，我的表现十分糟糕，难以言表。回想起那段时间，至今仍颇感尴尬。当时特别紧张，心里没底，我知道我只是在照本宣科，并没有掌握与普通民众沟通的艺术。

更糟糕的是，我在第一次庭审上遇到的那位联邦法官，以冷酷著称，他超乎寻常的强硬态度十分折磨人。他是美国地区法院的法官乔治・罗斯・安德森，提起他的名字，南卡罗来纳州的律师仍心有余悸。他本人也是南卡罗来纳安德森地区杰出的庭审律师，后来被任命为联邦法官。他对所有人都有非常高的期待，尤其是他曾经的法律助理。我曾经是和他共事最久的法律助理，因此他对我的期望也非常高。法律助理就像是法官的孩子。他对自己的法律助理都寄予厚望，想象一下，安德森法官就像是观看自己的“孩子”参加学校的拼写比赛一样，不苟言笑，一手握着鞭子，一手拎着砍刀。

在他面前审理案子十分紧张，于是我劝妻子，用他的名字给将要出生的女儿取名，这样在他的法庭上做了蠢事，后果也会轻一些。这是真事。我的女儿叫阿比盖尔・安德森・高迪。其实我原本计划给女儿取名“乔治”或“罗斯”，这样假如我在他的法庭上表现得太差劲，还能有找补空间，前提是我妻子要同意。

“亲爱的，我觉得应该给女儿取名乔治。”记得我曾经这样建议。

“嗯，不行。”她回应道。

“至少我们商量商量？”

“我们刚刚商量了，不要再提这事了，我们不会给女孩取名乔治或罗斯的。”

“好吧，那叫加治[1]呢？”

“不！你能想象一个女孩儿从小到大被人叫作乔治或加治吗？”

“你能想象没有一张安全网，就在安德森法官面前办案吗？如果孩子愿意，以后可以再改名。至少眼下这几年，我可以跟安德森法官说‘我女儿小乔治·罗斯·安德森·高迪向您问好’！我的意思是，孩子还没出生。上幼儿园之前，没有人会拿她的名字开玩笑。如果乔治不合适，我们可以再改名。”

说到这儿，我的妻子不仅离开了房间，还索性离开了我们住的小房子。很显然，我们的对话到此结束。对于新婚夫妇，能开诚布公交流这么多，已经很不容易了！我的妻子也同意把安德森放在孩子名字中间，因为她在内心深处也知道在安德森法官面前审案子危险重重。

在他面前我平生办理的第一桩案子，结果比我预想的要差。我瞥了法官席一眼，只见他双眼紧闭，一手托着脑袋。虽然我祈祷他是睡着了，但多数人不会在睡着的时候，还用另一只手拽着头发，像受伤的胡狼一样发出粗鲁的声响。

审判结束了，陪审团认定被告有罪。我不知道他们如何做出这一决定，也不知道是什么原因，但我知道这一定跟我的表现没有关系。

我离开前，安德森法官让人转告我，他要在办公室见我，我心想完蛋了。于是，我给妻子写了张字条，再次告诉她我爱她，也告诉孩子们不要读

① 法官Judge的音译。——译者注

法学院。

他办公室的门一下子推开了，我听见他叫喊着“现在！”，声音比5级龙卷风还大。

我走到法庭后面，经过我给他当助理时坐过的办公桌，低着脑袋站在他的办公室里。那时，我感觉这辈子就要完了。

“小子，”他开始说，“我在埃奎诺克斯磨坊长大，父母都是穷人，我认识的也都是穷人。因为白天要工作，我上的是夜大，我做了3份工作才挣够钱支撑我读完法学院。你呢？你是医生的儿子。人生不是在乡间俱乐部打高尔夫球。人生，真正的人生是在法庭。普通人有普通的希望、梦想和畏惧，你要学会与普通人交流。普通人，平头百姓，我爱你，小子。提前了解别人是变得优秀的重要因素，你现在回家吧，我知道你不喝酒，但偶尔去酒吧坐坐也没坏处。你可以坐下来，听听真实的人说些什么，他们如何思考？他们在想什么？他们为什么这么想？小子，你明白吗？那才是真实的世界。”

当然，安德森法官是对的。从小到大，我周围都是与自己同样阶层的人，但如果不了解所有人——不同背景、不同社会经济地位、不同宗教信仰、不同经历、不同思想的人——你永远不会成为一个有效的沟通者。如果你渴望与现实世界中的人交流，打动他们并最终说服他们，你必须更好地理解他们如何处理信息，尤其是什么样的话能让他们产生共鸣。你必须站在他们的角度，而不是你的立场，更不是从你希望他们认同的角度出发。

了解人们如何思考，了解什么能激励他们，了解什么能打动他们，了解什么能启发他们，了解什么让他们心生恐惧，了解他们在哪里，从何而来，如何让他们转向新的立场。你可以哀叹别人在交流时心怀偏见和先入为主，或者你可以接受关于人性的某些事实，并开始驾驭它们。人们想要什么？他们渴望什么？他们从哪里获得意义和价值？陪审团由陪审员组成。陪审员是人，他们把自己所有的优点和缺点带进了法庭。如果你打算以任何可衡量的方式来打动他们，你就该更好地理解他们。无论你的陪审团在哪里，法庭内还是法庭外，都应如此。做一个细心研究人性的学生。

顺便说一句，安德森法官就像我刚才描述的那样。他让站在他面前的人心惊胆战。但是我在法律行业能有现在的成就，他比谁的功劳都大。因为我爱这个复杂、善变的人，所以一旦认可他，便会永远跟从他。我对人性的理解，这种理解对我的说服能力产生的影响，都源于他。

谁是你的“陪审团”

你对陪审团了解多少？你知道他们每个人的情况吗？

大多数人永远不会站在12位同胞面前，试图在刑事或民事案件中说服他们。然而，在你的余生中，你会被各种各样的“陪审团”包围着。他们可能是你的家人、桥牌或扑克牌友，可以是教堂、犹太会堂或任何其他礼拜场所的朋友，也可能是你的股东、商业伙伴、客户，或那些希望有一天成为你客户的人。对你来说，“陪审团”可能是你试图与之沟通，或让其从一个立场转向另一个立场的任何人。

你不会上法庭，并不意味着不能从法庭上发生的一切得到启示，毕竟我们一生中的一些最重要决定都交给了法庭。想一想，从医疗事故（婴儿在分娩过程中死亡）到杀人案（有人被判死刑或终身监禁，不得假释），我们都相信陪审团程序。在商业纠纷、合伙企业解散、诽谤案、车祸和保险理赔中，我们也相信陪审团。因此，我们有必要了解陪审团制度如何运作，以及我们在尝试进行辩护时可以从中学到什么。

你有可能已经收到或以后会收到陪审传票。

你到了法院，法官开始问一系列问题，用来确定你是否具备担任陪审员的资格。你的教育水平如何？会读书写字吗？有过被剥夺陪审资格的刑事记录吗？你认识本诉讼或案件中的律师、证人或当事人吗？你对案件了解吗？这些将是我们在上一章中讨论的“事实”。即使你听到了一些“事实”，你从这些事实中得出结论了吗？即使你已经从这些事实中得出了结论，你能抛开之前的那些结论，抱着开放的心态吗？哇！太难了，不是吗？把你相信、认为或感觉真实的放在一边，只关注审判中提出的事实和证据。这不是教科书上对思想开放的定义吗？重新开始，从头开始，抹去过去，回到中立的方阵，你可以做到吗？你在思想上有足够的自律，来区分你认为自己知道的和你认为已经得到证明的吗？

这很难，不是吗？尽管我一生都对人性冷嘲热讽，但对于同胞们以及他们在这极其重要的过程中保持客观和公正的能力，我一直感到惊讶。如果你曾经是家庭暴力的受害者，那么你会在家庭暴力案件中公平公正吗？如果你因为婴儿床设计或建造问题失去了一个孩子，那么几年后在涉及另一个孩子的产品责任案件中，你能做到公平吗？你总是相信某些证人还是从不相信某些证人？你是偏袒还是反对执法？你可以把那些先入为主的信念放在一边，只考虑证人席上说的话吗？

我们的制度要求我们找到12个人，他们可以洗刷被告的罪名，尊重对被告的无罪推定，并保持公平和不偏不倚。虽然人们对审查陪审员存在误解，但现实情况是，你不是在庭审案件中“挑选”陪审员，而是“不挑选”哪些陪审员。报上候选人的名字，诉讼双方都会刷掉或排除几个。筛选的理由不能是种族、性别或年龄，但除了某些受法律保护的类别外，你要努力评估他们是否能成为优秀、公平的陪审员。你不是在挑选最理想的陪审员，而是在排除某一案件中不想要的陪审员。

如果候选人中有一位在11年前被指控家庭暴力，但指控却被驳回，你会让那个陪审员参与你即将起诉的家庭暴力案吗？你需要更多的事实，对吗？但你可能得不到更多的事实。很难在短短30分钟的接触中，通过一些常规问题，对候选人做出评价。在我们的司法制度中，陪审员就是这样被抽选出来的，或就像你现在知道的那样——“未被选上”。

你不太可能有机会“不选择”谁进入你的陪审团。你不能不允许一个孩子、一位同事或你的姐夫参加感恩节聚会。虽然你很可能会遇到一个你无法控制的陪审团，但这并不意味着你不能或不应该使用一些相同的分析工具来了解他们。你会产生疑问，他或她的背景是什么？你能唤起普通人的公平正义和开放的态度吗？你能先达成总体的、最重要的原则，然后开始讨论细节吗？难道不是每个人都应反对大规模枪击事件吗？难道不是每个人都反对让家庭亏空、储蓄耗尽的灾难性医疗法案吗？难道不是每个人都支持给年轻人上大学的机会吗？你刚刚开始（缓慢地）参与对话或回应这个时代一些最具正义的问题——枪支管制、医疗、学生贷款债务和移民。

你在交流时故意不挑衅，同时也可打量与你交流的人，并试图理解他们的立场和背后的原因。

我在南卡罗来纳州格林维尔有一位好朋友，她在政治议题上十分活跃，是当地一所大学的教授。以任何客观标准来看，她都是保守派，但从不咄咄逼人。她是一位真实、和蔼可亲，且非常招人喜欢的人。然而，在国会休会期间，我主持了一场关于移民问题的午餐会，这样我就可以听取别人对这一问题的看法。

不同的人围着桌子交谈，从极右翼立场到更具商会性质的观点，不一而足。现场还有几位建筑和园林业的小企业家，不管从哪个角度看，他们的立场都“保守”。

我的那位朋友开口发言了。她说“最近在移民问题上改变了看法”。我们都坐直了身子，仔细地听着。然而，实际上，她来了个180度大转弯。哇！对于一名经验丰富的政治人士和教授来说，这可不多见。我想知道发生了什么事。她是不是读了一些论文，看到了一些主要人口统计学指标，知道这个国家需要更多工人的事实？她有没有和我们地区的农民谈过，这些农民虽然以任何标准衡量都很保守，但又很不愿申请和接受采摘桃子、草莓和蓝莓的工作？发生了什么？她是一名学者，我迫不及待地想知道是什么让她改变了观点……

“我在教堂里遇到了一对夫妇，”她说，“他们爱这个国家，这是他们的家，虽然不是合法意义上的家，但我不能支持拆散他们的家庭。”

就是这样，这位才华横溢、聪明保守的思想家，不是因为一本书、一份政治纲领和一位候选人，而是因为一对在她的教堂做礼拜的夫妇而改变了主意。

诚然，我们在制定公共政策时，不能以个人关系及个人经验为基础，可这也足以证明了凭借什么才能说服她。同时，也说明了这样一个事实，那就是参加午餐的人都不会想到是一对夫妇改变了她的想法，而不是一场争论或研究。

在某种程度上，我们都受制于自己的经历、知识和生活中的所见。只有听了这些，你才能知道你的陪审团是谁。虽然人既复杂又简单，但我们的目标是打动这些人，与他们沟通，希望最终能说服他们。我们不能像在法庭上那样，在现实生活中“不选择”哪些人作为我们的陪审员。我们应该接受人类体验的复杂性和简单性，最好的办法是倾听并试图理解一个人是如何走到今天的。

保持开放心态

组建死刑陪审团更是难上加难，除了前文提到的问题，还有一个问题，即假如被告被判谋杀罪和严重情节（严重情节使得谋杀犯有可能被判处死刑），适当的惩罚应是什么。严重情节是指将谋杀案转化为死刑谋杀案的附加因素。这些因素在各州有所不同，通常包括在入室行窃或抢劫等另一起犯罪期间杀人，杀害某个年龄以下的儿童，或者谋杀、折磨。南卡罗来纳州的审判分两个阶段进行。第一阶段是确定被告是否犯下了南卡罗来纳州法律规定的谋杀罪。然后审判就会一路走到宣判。如果12名陪审员在排除合理怀疑的情况下一致认为被告确实犯了谋杀罪，他们将做此判决。随后是24小时的

“冷静期”，“冷静期”结束后，便开始第二阶段，以决定适当的刑罚是死刑还是终身监禁不得假释。

从理论上说，死刑是一个引人入胜的辩论和讨论议题。正如前面提到的，一生中，我已经在这个问题上改变了几次想法。对大多数人来说，它涉及公共政策、精神信仰、道德、经济学和确定性水平等。问题十分复杂，如果判决真的执行了，就不会有上诉。我见过被判处死刑的人，我也看过一次处决，执行死刑就意味着双重终结。如果他们选择出席的话，你会从受害者的角度，尤其是受害者家人的角度，体会死亡的终结，然而，你也会看到司法制度对被告的终结，并认识到一定不能出错，因为死刑一旦执行便无法上诉。

死刑案件与其他类型的刑事案件一样，都需要向陪审员候选人提问，尽管还有其他的情况，但每位陪审员都要接受法官、州或政府律师以及被告律师的单独询问。即一位普通公民坐在证人席上，回答一些最个性化、最具探索性的问题。通常来说，这些问题与任何人都无关，与政府也无关，可意义却不一般，这是为了确定候选人是否有资格在可能导致州政府或联邦政府执行死刑的案件中担任陪审员。

陪审团遴选开始时，候选人坐在证人席上，惴惴不安，对整个过程不熟悉，即将有一名身穿黑色长袍的女子或男子问一些极其私人的问题，然后接受拥有法律学位的陌生人询问。不妨把自己放在法官的位置上，你会问什么？你会如何开始？这里的目标不是说服，而是获取信息。在某种程度上，你并不关心候选陪审员对死刑的立场，你在乎的是对方是否可靠地表达了自己的立场，因为你要凭借这些问题的答案来决定“不选择”谁进入陪审团。

也许你可以先让陪审团放松心情。“先生或夫人，我要问你们的问题没有对错之分，我们需要一个诚实的答案。无论答案是什么，没有人会试图说服你改变立场。我们只需要知道你的立场，好吗？你对死刑的总体想法和信念是什么？”

在死刑案件中被排除的陪审员有两种：一种是永远给予死刑的陪审员，另一种是永远免于死刑的陪审员。如果你认为杀害别人会让你自动失去自己的生命，那么你没有资格在死刑案件中担任陪审员。同样，如果你认为包括政府在内，没有人有权夺走别人的生命，你也没有资格在死刑案件中担任陪审员。坦率地说，这样的人有很多。人们对死刑都会有很深的感触，而且这也合情合理。但是清白的历史、中立的立场、说是和说否的能力，对于担任陪审员不可或缺。如果无论罪行有多么令人发指，你都不能判处死刑，那么如何公平地审理涉及判处死刑的案件？同样，如果相信生命平等，杀人就该偿命，说明你已经下定决心，不具备在死刑案件中担任陪审员所需的客观性。

我知道有人花无数个小时审理7桩死刑案件，询问人们相信什么，为什么相信。

这种交流打开了一扇窗，可以一窥人的灵魂，了解大脑如何处理信仰、感觉和事实。

检察官：“先生，你认为你能既作出死刑判决，又作出免于死刑的决定吗？”

陪审员：“是的，我差不多可以，但我不能在盗窃案或贩毒案中作出死刑判决。”

检察官：“你知道在盗窃案或贩毒案中甚至不会有死刑的选择，是吗？必须得是情节严重的谋杀案才可以判死刑。”

陪审员：“哦，这么说这不是因为偷窃而判死刑？”

检察官：“不，先生，你不能因为偷窃而判死刑。先生，你能不能根据你认为的正义和公平，既能作出死刑判决，又能作出免于死刑的决定？”

陪审员：“不，我只有在受害者是孩子的情况下才会判死刑，那就好像有人杀了我的孩子。”

检察官：“先生，你知道如果曾经有人杀了你的孩子，你就不能是陪审团的成员了吗？”

陪审员：“我不能？”

检察官：“你不能，先生。如果受害者是你的家人，你就不能担任陪审员。”

陪审员：“嗯，假如别人的孩子被杀了，我可以判死刑。”

检察官：“只有受害者是孩子才会判死刑吗？”

陪审员：“不，不完全是。如果杀人不是出于自卫，那么我可以判死刑。”

检察官：“先生，你知道你不会因为自卫杀人而作出死刑判决，是吗？因为自卫杀人甚至不是犯罪，所以不会有有罪判决及量刑听证会，甚至你不会考虑刑罚。”

日复一日，我们试图能找到根据事实决定生死的陪审员，因为这就是我们要寻找的。思想开放的公民，他们等待和听取事实，然后等待和决定刑罚，这是我们在所有案件中都要经历的过程，只是在死刑案件中增加了额外的程序。我们认识到，在进行一般意义的说服时，保持开放的心态是绝对必要的。说服一个无法被说服的人不是不可能，但会很困难。我们都有这样的经历，与其同有些人白费口舌，不如到外面和一棵橡树争论，至少树会静静地听着。

借用同理心的力量

我们认为在没有换位思考的情况下，不要妄自评论是有原因的。人往往不会在乎你知道多少，他们看重的是你到底有多在乎。陈词滥调是有原因的，它们是真实的，是经过时间考验的。

同理心的力量很强大，它将我们联系在一起，是一座我们余生都要穿越的桥梁。

19岁的米兰达·奥尔是一位年轻美丽的姑娘。2002年，在拒绝杰里米·奈特的性侵后被勒死。对于一名检察官，最难的是在凶杀案发生后与受害者家人见面。父母失去孩子的悲痛难以言表，虽然他们不愿意面对事实，但是检察官和受害家庭的会面很重要，家人也会对司法程序有所预期。

米兰达的父母对孩子慈爱有加。她的父亲埃迪·奥尔来到法院参加我们的第一次会面，会面时间不长，奥尔先生甚至都没坐下来。然而，我永远不会忘记他在离开前说的话，“不确定白人会不会看重一名非裔美国女孩的死亡”。我们办公室有6名检察官有能力处理凶杀案，我决定将案件指派给一个我知道会珍惜他女儿生命的人，并在这个过程中充分理解他和他妻子的悲痛。最终，我把案件分配给了我自己。

在整个审判过程中，实际上有两个陪审团。有12位女性和男性决定这起案件的判决，这是一个陪审团。坐在检察官桌子后面第一排的那对夫妇，听着审判，看着检察官，看着我们的司法制度是否赋予他们的宝贵孩子生命价值。在我看来，他们是同样重要的陪审团。一个陪审团必须排除合理怀疑，相信杰里米·奈特谋杀了米兰达。另一个陪审团呢？他们只需要确信司法制度及各个环节都看重他们女儿的生命。

几年后，我在邮局的停车场见到了奥尔先生，我们像朋友一样拥抱在一起。2019年，杰里米·奈特上诉，试图推翻陪审团的裁决和他的无期徒刑及不得假释的判决。自从2010年12月我离开法院后，只回去过几次。但我回去参加了这场听证会。

我回到斯帕坦堡县法院，并不是因为我是杰里米·奈特定罪后救济审判中不可或缺的证人。多年后，我又回到这里，原因是我想让埃迪·奥尔知道我仍然珍视他女儿的生命。我的身份不是检察官，而是一位父亲，况且我们也都是有女儿的人。我想要埃迪知道，虽然我不知道失去女儿的感觉（祈祷我永远不会知道），但我理解他经历的那种灵魂破碎的痛苦，这种痛苦永远不会离开他，也永远不会离开我。

当检察官时，每年的12月都会为受害者举行烛光仪式。当地警长和受害者维权团队策划了活动，为的是让那些失去亲人的人们能够走到一起，我参加了活动。有时我会发言，有时我也沉默。没有人会记得我说过什么，他们只会记得我很在乎。孩子死于暴力，父母的痛苦难以言表。妻子在酒驾肇事中丧命，丈夫的痛苦难以言表。等待年复一年，为的是看到罪犯早日被逮捕，这种每时每刻的煎熬，对家人来说也难以言表。人们不指望你说的话是对的，只要你足够关心、倾听和在场就足够了。

所以，坐下吧。

听真人的话。

了解他们如何思考。

了解思考什么。

了解他们思考的原因。

然后，如果可能的话，请感同身受。

这就是真实的世界。

第五章

在实践中感知举证的责任

学会正确使用铺垫和表述目标错位法

现在，你已经了解如何确定说服的目标、意图和最终效果，知道（或正在搜集）所有支撑你立场的相关事实，也对问题或请求的另一面进行了一定思考。这样做有两个原因：（1）你可以更好地表达自己的目标；（2）从反思权衡自己的立场中获得启发。你也明确了需要打动、劝说、说服的个人或群体，也就是说，你知道了你的“陪审团”是谁，也对他们的属性进行了研究。

下一步怎么做?

你需要精准评估，并知道目标的可行性，要了解说服的阻力，用多大力度才能使对方接受你的观点。这可以称为举证的责任、证据性标准，或是“我要做到什么程度”。不管叫什么，最核心的问题是：要赢得讨论、实现目标，需要多少证据和说服工作？将说服、举证与终极目标结合，这对实现目标非常重要，也符合大多数人的直觉。预期越高，越需要努力说服；问题争议越大，越需要善于说服。而对小目标、小问题，往往提供少量事实、做少量说服工作就够了。

我认识施瑞亚·阿金斯·克拉克的时候，她是众议院道德委员会的调查律师。对于议员来说，道德委员会是最不讨好的工作。委员会调查的是议员违反众议院规定的情况（注意，不是犯罪行为，是违反众议院内部规定），这份工作十分耗时且全程保密。这意味着，调查人需要与几名议员在密闭的房间里待几个小时，出来以后不能与道德委员会以外的任何人探讨涉及谈话内容的各方面问题。与选择陪审团的程序不同，道德委员会的成员不是自愿加入委员会，而是被选择加入。一天下午在国会大楼里，众议长博纳坐到我身边对我说："我想请你帮忙，希望你能加入道德委员会。"我表示同意，原因是众议长让你做的事情，你必须得做，至少我是这样认为的。

即使当时我有权利拒绝，可我不会那样做。虽然道德委员会的工作着实辛苦而不讨好，但这也是国会里党派争议最小、政治色彩最淡的委员会，我看重这一点。来自两党的委员都能公平公正地调查裁决涉及国会议员违规的案件。比如科罗拉多州州长杰瑞德·波利斯，想起他时我不会想到我们在政治上的分歧，而是会回想起在道德委员会共事的日子。还有马里兰的安东尼·布朗、佛罗里达的泰德·多伊奇，他们都是思虑谨慎的人，是我赞赏和尊敬的同事。平时我们可以尽情表达不同的党派政见，但只要进了道德委员会的房间，我们之间的气氛就会彻底转变，我们唯一的目标就是公平。

我们的工作关系到议员、议会的名誉和公众对国会的信心，特别是当时国会正面临有史以来最低的公众信任度。

委员会大体这样开展工作：克拉克等调查律师会为委员会开展前期调查，在委员会会议上口头向委员汇报情况。我第一次听到克拉克汇报的时候，她十分注重事实，语言简练，关于我们可能问到的问题都有所准备，这些都是非常优秀的素质。

在工作中，每次我遇到有突出才能的同事，我都会默默记住这个人，以备将来时机合适时进行举荐。当时，我在心里默默记下了克拉克。后来，受博纳议长之托，我负责牵头2012年利比亚班加西恐怖袭击有关事件专责委员会工作，便邀请克拉克加入了调查团队。众议员杰森·查菲茨卸任监督和政府改革委员会主席后，我接替他，并完成了他的剩余任期，随后请克拉克加入委员会担任主任。我离开华盛顿回到南卡罗来纳州继续从事法律工作后，克拉克和她的先生杰温也带着3个可爱的孩子来到了南卡罗来纳。

克拉克最了不起的一点是她极为擅长将举证的责任与目标进行有意的错置。虽然举证与目标的一致十分重要，但二者之间的有意错开，特别是以她的方式进行安排，效果会更好。

“特里，我想请你帮个大忙，如果你做不了，我也完全理解。其实我也不愿意向你张口，但实在没有别的办法。”

这是她常用的开场白。

你可能和我猜的一样，她是不是想请我和我夫人帮她照顾3个孩子，好让她和杰温能去开曼群岛玩上一个月？还是说她想让我给她家人做肾脏移植配型？或者她有更大的目标，想借用一下我最宝贝的奥德赛高尔夫球七号推杆？（这可是我从来不让人家碰的东西，看一眼都不行。）

但她要的并不是这些。接下来她一般会说：“我能借用你的笔吗？我的笔写不出来字了。”或者，“今天一个学生要结束实习返校了，你能跟他/她合个影吗？”

她的铺垫与真正的请求存在严重错位，当你得知她的请求后，会感到松了一口气，便毫不犹豫就答应下来。她的开场白让你对接下来的请求做了过度的心理准备，从而对后面的小请求感到释然，不假思索地给予支持。

我们每个人都有过相反的经历，由于开场铺垫不足，后面的说服工作变得极为困难。

我夫人是一名教师，工作日非常繁忙，因此我每周六都会承担家里的采购任务，尽自己所能分担她的一点辛苦。

其实，这不是真正的原因，但这么说让我感觉很好。

真正的原因是，她在我们镇上人缘太好，认识她的人在商店遇到她都想聊几句，等她买完全部用品可能要花上几个小时。有时候，她聊得太久，东西还没买完，放在购物车里的商品还没结账就过期了！有点夸张吧，但情况基本就是这样。

所以，我负责家里的采购。购物时，我时常遇到一些人，他们的开场白和他们的真正请求完全错位。

“嗨，特里，能占用你几分钟吗？”

你对“几分钟”会怎么反应？肯定是简单的问题、简单的回答吧？

我说：“没问题。”

对方问：“邪恶的源头是什么？如果在三分之一的天使被逐出天堂之前，就存在着客观真相，那他们选择客观邪恶导致自己被驱逐的源头是什么？”

“呃……你刚才说什么？我这边正在看夫人写给我的购物清单（艺术家的字迹都有点潦草），努力思考她要的阿尔弗雷德酱是不是她凭空想象出来的，你问我一个大哲学家思考了几个世纪都没有答案的问题？”

有时候，对方会邀请我参加他们的家庭聚会，讲一些华盛顿最新的形势。

“哦，我也说不好能不能去。你们在哪儿聚会？”

“内布拉斯加州。”

这些请求完全脱离了实际。你想在超市里拦住一个人，占用他“几分钟”，让他跟你聊聊邪恶的源头，或者远赴千里之外参加你的家庭聚会，这个说服的难度是非常大的。你会一眼看出，对方的请求和你的回应之间可能毫无关联。

一般来讲，请求越小，需要的事实和说服工作也越少；请求越大，需要对方从一个立场改变或转向另一个立场，需要的证据和说服量也越大。

克拉克将请求的表述与实际目标有意错置，利用人性中很难说清的特点，产生了一种更大的效应。由于她的这种特殊表达方式，我很愿意同意她的各类请求，欣赏她提出请求时表现出的诚意。关于她的小请求，我在心里都做好了予以接受的准备，这也使我更愿意答应她提出的大请求。我产生了这样一种信念或者说信任，因为她在提出请求时一贯仔细权衡，所以我相信她未来对我提出的请求也一定是经过了深思熟虑，是应当得到我同意的。正是因为在小的请求上做得好，在更大的请求上，克拉克就会成为我心目中值得信任的对象。

这有点像小时候我观察到的爸爸的一个做法。他每次借了东西物归原主前，都会把物品修复到比借来的时候更好的状态。如果他借了别人的卡车，他会把卡车打扫得更干净，额外加上油。如果借了一美元，他会还人家至少一美元并附带点别的什么。你看，这就是一种信任。如果珍惜请求到的东西，以后会更容易得到别人的许可，而在超市里说想“占用别人几分钟”，最后却花上人家30分钟时间，以后的请求就会更难实现。

知晓举证责任的层级

对你来说最重要的是什么？哪些信念在你心中最神圣？很多人最看重的是精神或宗教上的信仰。所以，我们可能因为信仰的原因拒绝别人的说教或劝服皈依，或拒绝在异教场所参加宗教集会，但我们可能愿意考虑阅读与这个宗教相关的文章，或在那个宗教场所出席一场普通的社交活动。当你开始与别人就一个新问题或老问题进行沟通时，心里必须有一把标尺，并不断调整校准，即你必须明白你想要对方做的究竟是什么，你的请求意味着什么，你必须理解人们对于某些观念信条的重视程度。如果你感到自己的请求过高，就要马上进行下调。最好是从小开始，再向上提升。有时我们会出现偏差，比如我们想邀请别人出席一场会议，了解一个新产品或新的投资项目。我们不能开口就让别人决定是否投资，而是应该请对方保持一个开放的心态和愿意倾听的态度。

我们开口时，如何表述也会给“请求”定下正确或错误的基调。就某个问题，对方可以问“你是否考虑过……”或“你愿不愿意听一下……”，也可以用陈述和下定论的方式说“你应该”或“实际上”，这样收到的反应会截然不同。我经常会这样表述："你是否对……持开放态度？"没有人觉得自己故步自封，他们一定愿意"持开放态度"。

说服我"考虑"某事或对某事"持开放态度"，难度大大低于让我接受或参与某事，大多数人都是这样的。

如果一件事重要到让你提出请求，你也应该预见，对方在这件重要的事情上可能也会有自己坚守的信念。如果你在一个问题上的看法是坚定的，很可能对方也会坚持己见。因此，提出请求与实现目标之间的差距，需要一定的证明来弥合，这个证明需要与请求完全契合。

这里，我们仍然可以参考刑事诉讼过程。

从证据的角度讲，警察需要掌握哪些信息才有必要拦下路人进行盘问？你考虑过这个问题吗？一名警官走到你面前问你一个问题，背后的驱动因素又是什么？其实，没什么了不得的理由。警官有权占用少部分公众时间进行询问。

在日常生活中，我们可以去找朋友、陌生人、家人、同事交流。但你要明白的是，我们随时可以去找他们，他们也有权答复说："现在不方便。"

如果有司机确实因违反交规被拦下，我们需要什么理由才可以提出搜车的请求？其实，提出请求并不需要太多理由，司机也可以拒绝这个请求，搜车也就不会发生，这叫作"许可"。你可以许可也可以不许可，提出请求本身几乎不需要任何证据，这就相当于问别人是否对某事"持开放态度"，或是否愿意"考虑"某事。

如果警察告诉这名司机，他闻到了大麻的味道，虽然司机可以走了，但警犬可能会对车身周围进行检查，判断是否有违禁药物，这名警察凭借气味就派出警犬检查车身需要多少证据？法律称之为"具体怀疑"，这基本就是一种直觉。扣押车辆需要合理的解释，但作为司机你可以离开。虽然在警犬检查完之前，你不能开车，但理论上讲你可以自己离开。在0到100的区间内，提出搜查的门槛是0，询问路人是否可以占用他一点时间的门槛也是0，让警犬检查车辆的门槛略高，可以算作20%到25%，它的举证的责任相当于“具体怀疑”。

如果逮捕某人呢？我们如何才能获得法官批准的搜查令对民宅或商业场所进行搜查？法律称之为“相当理由”。这并不代表当事人“可能犯下了某个罪行”或违法犯罪的证据“可能就在那儿”。“相当理由”比直觉更强烈一些，但确定性不到一半，这个举证的责任也不是很高，对吧？大多数美国公民可能都会感到惊讶，原来没有50%的把握就可以对我们进行逮捕或搜查我们的住所。其实，标准是这样，在0到100的区间内，“相当理由”高于35%，低于50%。

我们可以将视线从刑事诉讼转向民事诉讼。你可能有所了解，虽然民事司法体系也十分重要，但与刑事司法体系大不相同。刑事可以说是争取自由，而民事则是争取钱财。

合同纠纷、机动车事故、滑倒事故、场所责任、医疗事故、律师失职等，都是民事司法体系解决的主要问题。需要强调的是，民法十分重要，但与刑法差异悬殊。

最主要的一个区别就是举证或说服的责任。在民事案件中，你要说服陪审团，某事是极有可能的，这叫作“优势证据”，简言之，即某事的真实性大于虚假性，发生的可能性大于未发生的可能性。

有人以为这在0到100的尺度上可能意味着51%，那就错了。51%还是太高了，其实也就是50.1%。

假设有一杆完全水平的秤，在一边放上一根羽毛或细绳，观察秤的变化，是不是几乎没有什么变化？这就是“优势”，它证明说服的水平不是很高，在现实中非常容易实现。如果你想说服同事午餐不要点墨西哥菜，改吃意大利菜，这点“优势”就足够了。

在法庭上，偶尔可能会提到“清晰且有力的证据”，虽然这在法庭论辩中不多见，但在现实生活中常常要用到，所以有必要论述一二。你是否在考虑跳槽？是否在考虑选择就读本地大学或省外大学？在考虑搬家并且为相关的琐事头疼吗？我们在上文中提到的，秤上的羽毛和细绳在这里就不足以说服你了，因为你需要更多的理由。这些都是大问题，无论是说服自己还是说服别人，都需要更多的努力。

对于这些重要问题，在与别人探讨或说服别人的过程中，你需要在脑海中设定的目标应该是提供“清晰且有力的证据”。你能不能将各类事实与态度开放、能被说服的陪审团结合起来，说服别人，证明你是对的？在0到100区间内，75%应该对应“清晰且有力的证据”，足以满足你举证的责任。

在所有的举证责任中，最重要的是“排除一切合理怀疑”，看过律政剧的人可能对这个表述很熟悉。它是所有刑事案件中要求达到的举证责任。那么“排除一切合理怀疑”的含义是什么？怎样才能算达到了这个标准？这个问题十分关键，可能大部分律师都解释不清楚。

事实上，在某些法庭辩论中，律师不可以向陪审团暗示或明示“排除一切合理怀疑”的含义，这是法官的工作。这对我们来说也许没什么用，在与家人和姻亲的感恩节晚餐上，如果你忽然发现自己需要沟通或说服别人，你也不能去找法官帮忙。但我们可以从一些更接近常识的角度看待和理解这个举证标准。合理怀疑意味着你有理由停下来，在某个人生重要问题上暂时不再向前推进。比如我说服你给一家初创公司投资100美元，即便风险不大，回报也有限，但不必担忧，因为做错决定也没什么损失。如果我劝你投资一万美元，那么我就需要花更大的力气说服你，因为错误的决定会导致更加严重的后果。如果我劝你拿出毕生辛勤工作的积蓄，这当然也包括拿孩子的教育储蓄进行的投资，那我需要把你劝到什么程度呢？恐怕要你深信不疑才行。

从这个例子里，我们可以体会到什么是“排除一切合理怀疑”。看到这的读者可能会说，要我拿孩子的教育储蓄冒险，这肯定不行！我必须“排除所有怀疑”。这个标准是不切实际的，如果做说服工作的是你，你也不会愿意为了这么高的标准努力，所以也要注意不能要求别人达到自己无法达到的标准。

对于任何问题，你都不可能做到无所不知，所以又怎么能“排除所有怀疑”呢？想要劝说别人，而且也要求你自己能够被别人劝服，这意味着对未曾考虑过的新事实或证据保持关注。只要还有可能出现新的事实和证据，就会有怀疑。因此，即便是判定某人犯下了滔天罪行，处以最严酷的刑罚，举证的标准也不能是“排除所有怀疑”，因为这不可能达到。怀疑必须合理，且是经过理性论证、深思熟虑的一种担忧。

什么样的情况会让你对人生的重大决定感到犹豫呢？这是从反面讲“排除一切合理怀疑”，从正面说就是你是否已经被坚定说服？不但是被说服，而且必须是被坚定说服。在0到100之间，你应该对自己所说的或所做的有95%的把握。虽然这个要求很高、很严格，但这是我们能实现的最大程度的确定性。比如要不要与多年的恋人或朋友分手？要不要与某人结婚？要不要离婚？要不要改变宗教信仰？虽然生活中需要我们“排除一切合理怀疑”的事情并不多，但你应该提前了解这少数的几件事是什么，从而调整相应的举证标准。

我们要始终牢记这一点，怀疑很容易产生，却很难消除。

因此，如果有人让你对自身的想法产生怀疑，你应该有所警觉。同样，如果你需要让别人对自己的看法产生怀疑，也应该留心怎么去做。

关于举证的责任还有最后一点需要说明。虽然法庭的举证责任在案件审理过程中不会发生变化，但现实生活中我们可能面临各种新情况。虽然有些事在我们看来可能微不足道，但对我们的沟通对象至关重要。所以，我们需要不断调整说服的力度，甚至在一段对话进行的过程中就要调整。有些人有认知盲点，有格外不能忍受的事情，有不理性的恐惧或者观念，因此我们可能感到沮丧，这意味着不得不拿出格外多的事实和证据完成说服工作，但事实就是这样，本来可能很容易的对话因为这些问题变成另外一个场面。不管我们的沟通对象是个体，还是12人陪审团、竞争对手，或是坐满会议室的同事，只要我们通过倾听观察，就可以感知到自己需要多少说服工作，从而调整相应的证据数量，满足任务要求。

所以，要记得举证责任是这样递进的：

同意：0%

具体怀疑：20%—25%

相当理由：35%—50%

优势：50.1%

明晰且有力：75%

排除一切合理怀疑：95%

排除所有怀疑：不可能

这里我有疑问，为什么在当今政坛，我们说服对手时总是竭尽全力“排除一切合理怀疑”，甚至不切实际地“排除所有怀疑”，而关于与我们观点相近的人却不愿有任何投入？

每位议员的感受可能不尽相同，就我在国会工作的体验而言，说服别人与你共同提起一项法案或推进一个重要问题不是难事，因为找到两个有共同观点的人很容易，哪怕他们政见相左。议员对于联邦政府的角色、职责范围、如何履职和发挥作用确有不同的观点，但我们一定有可以合作的共同点。

好消息是在华盛顿找到有共同合作意愿的人，可能比你想象的容易些，但问题是这种合作的意愿得不到太多关注（至少众议院是这样），因为当前在华盛顿的政治环境下，合作风险很高，相比之下，合作真正产生意义或得到公众关注的好处很小。我认识很多愿意与之共事的民主党议员，虽然我们在政见上有分歧，但在私人交往中他们都是非常诚实的人。至少在我看来，他们的出发点是为了公众利益，不是政治较量。

在立法和政策问题上，我接触最多的民主党议员是马萨诸塞的乔伊。我和他不是那种相互投票支持的关系，我们也不应该有这种关系，我们在很多问题上都看法不同。他工作兢兢业业、尽职尽责，善于倾听。对自己关心的问题，他全情投入、了如指掌。如果我有一个工作岗位需要找一个正直、勤恳的人，那我会毫不犹豫地聘请他，希望他也是这样看待我的。

希望有一天我们能够回到那个递进尺上，在真正需要说服时做好充足的准备，能够保持开放的心态，因为我们不能在所有问题上都走极端。

第六章

提问的规则

最有效的说服办法

安德森法官给我提过很多建议，最简单的一条是："在法庭上，大卫·史蒂芬怎么做，你就怎么做。"

史蒂芬曾任南卡罗来纳州检察官，现在已经从联邦检察官岗位上退休。他是老派人物，他的职场发展路径在当下已不再为人推崇。他参与过无数次审判，光是输掉的案子就超过大部分检察官一辈子参与过的案子，他也是我见过的最好的诉讼律师。打赢官司也不一定称得上好，真正的好才算好，因为他很真实，所以史蒂芬是最好的。陪审团相信他，法官信任他，被告辩护律师尊敬他。

刚当上检察官的时候，我想向他学习如何有效说服别人，我最后问他，在法庭上表现得好，秘诀是什么。一开始，他含糊地说了些木匠必须能用好锤子和锯的话（也就是要了解证据的规则），又说到要与现实生活中的人交流（换言之要扩大沟通对象群体，获取不同人群的观点），最后他说到真诚可信，这点我听得很清楚。他说："特里，要成为好的沟通者，秘诀就是真诚。一旦你学会假装真诚，你就无所不能。"

我将永远牢记这句话，哪怕我忘了自己儿女的名字，忘了我用七号推杆能打多远，我都不会忘了这句话。关于有效沟通，这是最好的建议，也是最难打磨的技巧。

当然，真诚是无法装出来的，但我能理解他的意思。如果你自己都不相信自己说的话，那么没有人愿意相信你。如果对自己推销的东西都没有真正投入，那别人也不会投入。如果你对自己的信念不坚定，很可能你正在试图说服的那个人也不会接受它。要作富有激情的论述，激情最关键。

关于你声称相信的东西，你内心真的信服吗？你为什么相信它？这个信念在你心里有多久了？最初是什么说服了你？在相信这个观点之前，你是否考虑过其他的可能性？你能不能富有说服力地表达自己的信念？如果不能，还要掌握哪些关键要素才能增强自己的说服力？

要真诚，情绪很重要。情绪不能单独作为一种手段，最好是作为事实、理性、逻辑的辅助。情绪的力量很强大，在需要打动别人的时候十分有效。然而，最有效、最持久的说服办法，是深入探索自己的内心情感世界，把情绪与一套准则和根本的信念联结起来。虽然我们可以为公平、为正义、为机会、为教育而激动，但我们不能陷入情绪本身。情绪不能作假，只有真诚才最有效，要产生真诚的情绪，就要将情绪与信念、真理联系在一起。造作的情绪或过度编排的情绪不但无效，而且妨碍目标的实现。

我们都参加过婚礼和准妈妈们的庆祝会，几乎每个人都会送婴儿用的硅胶铲或尿不湿，但派对主人每次收到礼物的惊喜反应，都好似收到了世界上最大的那颗“希望钻石”。硅胶铲和尿不湿实在算不上让人激动的东西，虽然派对主人是善意的，但他们的反应确实也没有可信度。

如果你明知某件事很重要，但无法从情感上感觉它的重要性，怎么办？有些时候你就是对自己谈论的话题缺乏兴趣，这时怎样才能体现真诚呢？还有些时候你虽然相信自己所说的话，但无法调动激情怎么办？这正是我们大部分时间的状态。我们不会在每一次沟通、劝说之前都事先做好一切准备。我们知道感恩节聚会上免不了要聊时政，但谁会想到在购物中心停车场里也可能会谈起政治呢？

史蒂芬的意思并不是要我们真的去“伪装真诚”，能被伪装的自然也不能称之为真诚，如果被人怀疑你在伪装，那么“陪审团”会对你毫不留情。听过“鳄鱼的眼泪”这个说法吧？如果有人矫揉造作地展示一些情绪，佯装真诚、同情、友善、悲伤，我们会说这是“鳄鱼的眼泪”，据说这是因为鳄鱼在吃猎物的时候会流下眼泪。这个表达至今仍在用，而且绝不是什么好词儿。只有真正的情感才能打动人，虚情假意让人讨厌；真正的情感有强大的力量，虚情假意只会适得其反。

史蒂芬的话到底是什么意思呢？其实，他是要我们尽可能地真诚、诚恳、真实。如果有时候你无法全身心地感受那种诚意，那就模仿一下真诚的基本特质。这样做不是为了伪造情感或流下“鳄鱼的眼泪”，而是因为你非常想要表现出兴趣、同理心、共鸣，因此愿意尽力在意识和潜意识层面作出努力。

说多了可能成了浪漫小说，但这确实跟恋爱有点像。虽然有时爱意如此强烈，让你觉得这是一生中最澎湃的情感，但有时，爱意并没有那么汹涌，爱更像一种责任，并不是说爱不存在，而是在这样的时候你需要额外付出一些努力。

我还思考过销售员如何对自己推销的二流商品充满热情。其实，卖低档吸尘器的销售员并不是在卖这个吸尘器，而是在推销一种价值，也可能和上份工作比，卖吸尘器让他有更多的时间陪伴家人，可能高档吸尘器曾经弄伤他家小狗的爪子，而低档吸尘器不会有这种问题。如果你实在无法对吸尘器提起兴趣，那就另找一个兴趣点。

在人命案里调动激情并不难，对儿童和弱势群体的犯罪行为也容易让人们感受到情绪涌动，但常见的毒品案怎么办？如果犯罪分子只是藏有管控药物意图贩卖，你该如何显得真诚、真实、可信呢？

这时，你可以寻找一些别的情感点，一定能找到你认同的深层次理念。

史蒂芬在毒品案里会这样说，“邪恶的风扫过美国的儿童游乐场和校园，带走的是孩子们的生命”。这就是能够调动他情绪的点，因此他能够表现出真诚和真实。毒品案不仅仅是在州际公路上拦下一辆车，让警犬检查一下，然后在后备箱里找到隐藏的可卡因。史蒂芬在处理了无数个类似案件之后找到了一个能够让他真心捍卫的原则、理想和信条。虽然在暴力犯罪案件中调动陪审团的情绪不难，但毒品案里没有形象鲜明的受害人，情感就难以迸发。

再换一个很小的违规行为的场景，比如一个孩子的妈妈在学校闹了一场，发了脾气，这几乎不可能引发任何情感，处罚最多不过90天，算不得叛国大罪，谁会为了这种案子流眼泪呢？然而我就流过，你也能做到，而且你一定会做到。只要你找到一个自己认同的深层次理念，一个超越当下的更高信条，你就一定能做到。

真诚无法伪装

那是一场我不曾预料到的会面。一位小学校长找到我，谈学校里发生的一件令人担忧的事，这件事和她有切身关系且十分重要。案情大致是这样的，罗宾·斯科拉格斯像往常一样送孩子去上学，一天早上她送晚了，孩子和平常一样穿过学校办公室，遇见了助理校长。斯科拉格斯女士称，她亲眼看到助理校长打了她的孩子，她冲进学校找助理校长理论，后来场面变得混乱，由于斯科拉格斯干扰学校秩序被捕，她辩称那是自我防卫和保护孩子，因为助理校长打了她的孩子。

作为政府的首席法律事务官，我一般不会接手扰乱学校秩序的案件。当时我负责的两个行政区平均每年发生20到30起命案，几十起暴力抢劫、入室盗窃、家庭暴力、侵犯儿童罪，每年我们大概发出一万多个逮捕令，我们办公能力有限，大量的办案裁决工作让我们面临很大的工作压力。因此，我实在没有时间处理干扰学校秩序的案件。此前，政府首席法官办公室的同事对此案进行了审理，陪审团的意见分成6:6两派。众所周知，只有陪审团意见一致，才能产生判决，第一次审理就有一半的陪审团成员反对，再次审理情况也很不乐观。证人已经作了一次证，他们一定还会坚守第一次的说法，很难再有什么新的或有意义的证据出现了。这一次审理，需要几周的时间准备，审理过程会占用一些开庭时间，即使判定有罪，被告人也不会入狱。我觉得这就是在浪费法庭的时间，但这位伍德兰德高地小学的校长抱有不同的看法。

因此，我们安排了一次见面。

结果，她赢了。

我输了。

我不仅答应首席法官办公室再次审理此案，而且答应我会亲自审理。为什么？是真实。会见中，这位校长带来了最有效的说服证据——她认为自己长期以来在公共教育领域有不可替代的贡献，指控她真的殴打儿童玷污了她的职业生涯。只要听一听这位助理校长的讲话方式，你就会想把自己的后辈送给她教。她亲切温柔、循循善诱，她不理解为什么会有人在没有任何证据的情况下就指责她殴打儿童。正是她的真实，我同意再次审理这起案件。庭审中，她的真实也让陪审团认为，任何一个教师或助理校长都不会因为孩子迟到而出手殴打，至少眼前这位校长不会。孩子不是自己去上学的，孩子也不会开车，他甚至没到自己步行或骑自行车上学的年纪。孩子上学准时的责任在于家长，而这位家长做得却很差。如果真想打谁的话，那也应该是打家长而不是孩子。

这位助理校长真实、真诚、值得相信，大家对她能够产生情感共鸣。有什么东西重要到，为了它你可以在陌生人面前流泪？当然是你的名誉。是什么会让你没有任何充分理由就接手一桩案件？一位坚定从事教育事业的女士在严重指控面前，应该有权发出自己的声音，为自己辩护。

是的，这位助理校长在陪审团面前作证时哭了，我也为之动容。关于有人给她扣上伤害幼童的罪名，她感到十分伤心。让我更为感动的是，我亲眼看到了平时并不常见的纯粹的理想，正是因为她的信念有这样纯粹的力量，只要我们再审理一次，陪审团把事情的原委听完，自然会得出正确的结论。

结果的确如此，被告人被定罪了，她闯进学校大闹并不是因为孩子被打，而是孩子又迟到了，她需要找个理由掩盖自己的失职。法官没有惩罚她，那样做没什么意义，伤害的只是孩子。对于孩子来说，妈妈总是睡过头可能不是什么大问题，但妈妈在监狱里待3个月就大不一样了。

面对他人的真实，人们的举动可能会超出自己的想象。真实能够激励、鼓舞、打动、说服人。比如，我在半小时内就从不想接手此案变成亲自审理这起案件。因为她让我看到，这件事的意义比我的时间更重要。之前，我还对接手这么小的案子感到可笑，但后来在法庭上却流下了眼泪，因为她让我想起自己坚守的信念——公平、荣誉、清白。

不管为了什么辩护（比如本案就是一个不那么吸引人的扰乱学校秩序案），事实是确定的，但如何将这些事实糅合到真实的人的真实生活中，其中的创造性空间是无限的。如果是很大的问题，仅仅公平、清楚地陈述事实就够了。但如果你感到自己情感储备不足、不够真诚，那么请记起史蒂芬说过的话，“不要伪装真诚，因为真诚不能伪装”。你可以构建一个更大的目标，提升到一个更高的层次，胆子更大些，据此再进行论述。

参与提问应该要遵守的规则

如果你实在感受不到真诚，那么你的灵魂是干瘪的、心是冷酷的，你的虚无主义已达到人类极限（我们都有过这种感受）；如果你做不到真诚、真实，你也应该体现出想要变得真诚、真实，并感受到真诚、真实的想法。

你可能会问，该怎么参与呢？回想一下在稳固的、对你很重要的关系中，你是如何做的。你会有目光交流，你的身体语言表示欢迎，不会排斥，你想要倾听，尽管不会从头听到尾，但会尽力去听。我们身边都有这样的朋友，他们总会反复讲同一件事，而且你不会打断他说：“上周就听你讲过你家小孙子这件事了。”你会装作仿佛从来没有听到过一样。为什么会这样呢？因为倾听显得你参与其中了，而拒绝倾听使人反感。

提问也是倾听的一部分。听得越细致，提问题提得越好，有些常用的问题，比如“真的？”“太有意思了”“后来呢”也是有价值的。如果你没有那么认真地听，使用这些问题也表明你在尽力参与。

事实上，我在这方面做得并不好。有时，我亲爱的、甜美的、完美的夫人会没头没尾地讲一件事，就像希腊神话里宙斯为了躲避赫拉，让赫尔墨斯给阿尔戈斯讲故事一样。[①]她从家里的一个地方讲到另一个地方，而我只想逃避。假使你的爱人在跟你说话，直接逃避可能不行，你要表现出你在积极参与，而且你需要展现出一些真实，即使你并不想聊这些事。

伊利诺伊州的进步议员路易斯·古铁雷斯说过一段很精辟的话：“选民即使不喜欢你也有可能给你投票，但如果他们觉得你不喜欢他们，投票就没戏了。”也就是说，你的沟通对象是否认为你对他们感兴趣？你试图说服的这个群体是否认为你是真正关心他们、关心你自己的议题？这就要求你参与。

路易斯说得对，人们希望看到你真正关心他们。我们喜欢那些喜欢我们，并对我们友好的人。这一点我已在法庭和政坛上得到过无数次的验证。史蒂芬每次向陪审团陈述时，都会在开场白中赞扬对方的辩护律师。为什么要在审判中赞扬你的对手？一是陪审团会认为你是公平、中立的裁决人，不仅仅是站在某一方的立场上；二是对辩护律师产生影响，他也会对你回馈以

---

① 根据希腊传说，宙斯爱上了一个名叫伊娥的年轻女子，为了躲避妻子赫拉，宙斯把伊娥变成了一头奶牛，打算等赫拉回到奥林匹斯山后再把伊娥变回美貌女子。但赫拉看穿了宙斯的诡计，命令长着一百只眼睛的阿尔戈斯看守伊娥，防止宙斯把她变回去。宙斯只好派赫尔墨斯去给阿尔戈斯讲一个没头没尾的故事，慢慢地等他闭上一百只眼睛睡着的时候，宙斯终于把美丽的伊娥变了回来。——译者注

积极评价。

在政界，政治人士常常将另外一个党派的同事称为“我的得州朋友”“我的南卡罗来纳朋友”，即使这个人让他难以忍受，他依然会称他为朋友，为什么？因为这样做，可以使你避免遭到一些指责，而且也显得你站位高，所以也不会陷于一时的争执。

想要在沟通、说服中得到别人的好感，就需要了解人性和大部分人的共同特点。要记住，总体来说人们喜欢那些真正喜欢我们的人，他们也更愿意表达，因此做说服工作的人，一定要学会真诚地倾听。如果一个人掌握了对话的大部分话语权，他会认为这个对话进行得很好。我们可能都有这样的谈话经历，90%的时间都是对方在讲，最后他说：“今天谈得非常好，对我帮助很大。”一旦你了解并更进一步接受这个事实，即使人们更喜欢说而非听，你就会成为一个很好的听众。做好听众并不是因为这样做更容易或更有趣，而是因为这样有助于你的说服工作。下文还将指出，做好听众可以让你获得大量的宝贵信息，如果你需要与一个人就某个问题展开争论，这些信息就能够用得上。

还有什么能帮你获得别人认可？在小问题上懂得让步。为了劝说我的女儿好好打扫她的房间，我几乎花费了大半辈子的工夫。我女儿很会谈判，她特别喜欢辩论、谈判、讨论，但是不喜欢打扫房间（或卫生间和汽车）。通常，我会让步：“你不用在中午之前打扫好，晚上也可以，只要是今天打扫就行，不要拖到明天。”我不在意她选择什么时间打扫房间，只要她肯打扫或者至少开始去做就好。每一次对话中都有这种可以让步的小地方，比如你可以说，“我明白了你的意思”，“我理解你为什么会有这样的想法”。这些话的意思是一样的，那就是告诉对方，我在听你说话，我正在思考你说的话，我在努力理解。

最后，论述的结构也会影响到你是否会讨人喜欢、让人舒服、真心诚意，又或是爱争论、咄咄逼人、不占上风不罢休。先说最有争议性的那部分，还是先从有共识的地方谈起？我认为应该先从没什么争议的地方开始，然后以偏向呈现事实的方式作一点论述。比如第二宪法修正案是个争议很大的问题，两派阵营情绪都非常强烈，每个有良知的人都十分反感美国出现的滥杀无辜问题。我从未见过任何人在看到无辜平民被扫射时无动于衷，所有人都是要么气愤至极，要么潸然泪下。问题是我们应该做什么，怎样做才有意义，自卫同样是一个深入人心的权利，我们能不能找到一个与自卫不冲突的理念？在这个问题上，我十分谨慎，也非常尊重与我观点不同的人。我在阐述自己的观点时会从我觉得最直白的地方谈起：

> 近20年来，我亲眼见证了使用武器夺取无辜生命带来的死亡、毁灭和痛苦。20年间，大部分时间我都在阻止人们伤害别人的生命，对于不幸遭受这种痛苦的家庭，我会努力提供帮助，希望可以为他们死去的亲人带去一点正义的抚慰。我知道，目前美国对于哪些人群可以持枪、哪些武器允许平民持有、哪些地方可以存放这些物品都有管控。尽管如此，我还是愿意听听各位的见解，看看还有什么办法能够保护无辜的生命免受伤害，希望了解是否有相关的数据表明需要采取更多措施。

实际上，如果你能真的喜欢沟通对象（至少喜欢他的一部分），对他表达的内容真的感兴趣，那你已经有了一个好的开始，接下来你就能获得对方的喜欢和认真聆听。

千万不能做的事

虽然我们已经知道怎样做有效，但还是有必要了解一下哪些事不能做，这样才能更好地说服。

在沟通中，最有损可信度的是撒谎。我们经常会提到“撒谎”这个词，但很多时候用得都不对。撒谎不只是做虚假陈述，我们每天都会做很多虚假陈述，其原因各种各样，有可能想不起来了，也有可能是不小心记错了，意外发生了，或犯错了。对于有效沟通或说服而言，虚假陈述确实不好，但这还不是最糟糕的。最糟糕的是故意在问题涉及的某一方面做有实质影响的虚假陈述，以达到欺骗目的。人们几乎可以原谅生活中的任何事，唯独痛恨在重要问题上被有意误导。更可怕的是，这种欺骗会在听者身上产生持久的影响。尼采曾经说过一段话，其大意是：我生气的不是你对我撒谎，而是我不知道将来什么时候才能再相信你。[①]撒谎会破坏别人信任你的能力，在感情中、在商业中都是如此，在政界也应该是这样，在生活中的方方面面都是如此。撒谎是劝说的致命克星，所以千万不要撒谎。

虚假陈述虽然无益，但至少不存在欺骗的意图。但是，对事实的虚假表述使你的真实度大打折扣，人们会因此对你产生怀疑，从而无法放心地从你这儿获取事实，虽然不致命，但后果也很严重。

还有什么是对劝说别人转变立场无益的呢？

不要侮辱别人。你也许不同意这个说法，因为我们的媒体整天都在传播侮辱言论，不少人还是政界、商界、娱乐界的成功人士。如果面对的是支持你的听众，侮辱别人可以很有效地进一步巩固听众的看法，但是说服一群已经支持自己的人有什么意义呢？你会不会因为受到别人的侮辱而重新审视自己的观点呢？你会不会在别人侮辱你以后很快喜欢上这个人呢？受到侮辱的时候，我们会马上产生防备心和攻击性。我们要保护自己，以蔑视回击蔑视，我们会对自己和侮辱自己的人说：“不论你说的事正确与否，我死也不会同意你这番话。”很有可能我们真的会永远拒绝接受此人的观点，且永远不让步，因为我们受到了侮辱。

---

① 弗里德里希·威廉·尼采，《善恶的彼岸》（纽约，1966）183号格言。

其实，说起侮辱别人，我也毫不逊色。从政的人都知道说什么才能击中要害，经常和政界人物在一起吃饭，没有一张厚脸皮，不知道怎么打嘴仗是不行的。

和蒂姆·斯科特在一起吃饭不需要总是厚脸皮。我在前文提到过，蒂姆算是政界最和善的人，但朋友之间依然会相互打趣，我在华盛顿的朋友就经常互黑。但这并不是说服工作（我们的相互打趣也不是真正的侮辱），只是时不时并无恶意地开个犀利的玩笑。侮辱则不一样，虽然在政界中侮辱很常见，但它根本无法说服任何人接受任何事。

虚伪也要不得。说一套，做一套，当面一套，背后一套，也不好。要说服别人，需要有一种改变。虚伪、两面派、相对主义、双重标准都无法带来积极的改变。如果你想尽情争论，这些可以成为有用的工具，但很遗憾，生活中并没有太多让你尽情争论的场合，争论只对赞同你的人有效，而这本身就不需要什么技巧。说服需要真正的技巧，这些技巧很难得，也正因如此，我们才把说服叫作艺术。

现在，我们已经了解到说服艺术的价值，认识到为了实现说服的目标，我们需要掌握事实，了解“陪审团”，将目标与举证责任对接，我们也知道哪些技巧有用（真诚、倾听、在小问题上懂得让步、注意论述结构），哪些技巧没用（撒谎、侮辱、虚伪）。我们已经掌握了基本要素，打好基础，下一步就是真正运用说服这个动作（艺术），学习运用不可或缺的提问技巧，从而实现交流的目的。是时候迈过举证门槛，甚至排除合理怀疑，说服交流对象了。

第二部分

说服的行动和艺术

第七章

目标式提问

提问时需带着什么目标

想象一个这样的场景，在白宫椭圆形办公室里，美国总统坐在办公桌边，面向很多媒体记者，你意外受邀加入他们的对话，这种机会可能一生也没有几次，所以你一定要说一些什么，你可以讲讲你的观点、理念，你会怎么讲？你有没有自信能充分发挥提问的作用从而更好地去说服？你是否有足够的自控力，避免用陈述的方式说服别人？

2019年9月初，我在华盛顿参加一个私人律师从业的会议。当时，我已不在国会工作，很少去华盛顿，参众两院刚刚开完8月的会议，正值休会期，所以我没有告诉国会的朋友们我到华盛顿了。然而，我知道我以前的同事米克·马尔瓦尼在华盛顿，所以我给他发了短信，告知他我来了，并于当日下午飞回南卡罗来纳，没有别的想法，只是想让他知道我来了华盛顿，但又很快回去了。他回复我说："去机场的时候到我这儿吃个午饭吧。"

去白宫的路上，我傻乎乎地摘了领带，刚进大厅就听到米克喊道："赶紧给特里找条领带！我要带他去跟老大打个招呼。"

老大？等会儿，让我想想，米克是美国总统办公厅主任，他说的老大难道就是总统？

"呃，米克，我要是知道去见总统，怎么也得先理理发。"我说。

他回答我："理发有什么用，你这发型怎么理都不好看。"

当时，飓风"多里安"正要抵达巴哈马，出于一些我可能永远无法完全明白的原因，媒体关注的是总统到底有没有把亚拉巴马也算作可能被影响到的州。背景是这样的，总统在推特上提到了可能遭受飓风袭击的几个州，提到了亚拉巴马，但据报道亚拉巴马并不会受飓风的威胁。（此处先不研究为什么我们的文化特别关注负面消息，而且极不愿承认生活中有犯错的可能，已经犯的错误也拒绝承认。）

我进入总统办公室时，总统正在和媒体记者探讨公平性、完整性、客观性、偏见等问题，谈话的主题是关于美国是否需要，且应倡导建设一个发达、自由、受人尊敬的媒体行业。

我刚站到总统办公桌边十几秒，他便问我怎么看待这些问题。

如果是你，你会怎么办？你会开口说什么？这个讨论十分重要，对于我们当前的政治和文化氛围来说很有必要，对我来说这是突发情况，当天早晨在南卡罗来纳起床时，我没想到自己会跑到总统办公室观摩一场讨论，主题是在飓风来袭的背景下如何看待媒体标准和公平的根本原则。

那时，我已从政近20年，在华盛顿至少工作了8年，对于如何看待媒体、媒体与民选官员及其他公职人员的关系，我有自己的看法。当时我没有直接表示自己的看法，按照前面和大家讲的一样，我提了3个问题。这些问题不是为了获取更多信息，也不是因为我对事实不确定，而是我坚信，比起来说"我认为""我想""我感觉"，提问的说服力更强。

至于总统和在场的记者说了什么我不再转述，不是因为内容保密或有人要求我不要对外透露，没人专门讲过那天会议的内容不许对外透露。只是根据我对公平的理解，一个受邀的人不应该在这种情况下转述私密对话内容。

但我可以告诉你们我说了什么。首先，我问："为什么我们的司法体系比政治体系更受尊敬？为什么司法体系有完整性规则？如果这条规则能使司法体系受到尊敬，为什么不在其他体系内试试呢？如果我只是说'米克用枪顶着我’，而没有讲另外一个事实，就是‘是我先用枪对准他的’，这样公平吗？我们在生活中最常用什么手段阐述真相？”

也许你不会遇到我说的这个场景，在总统办公室里参与总统与记者之间热烈而重要的讨论，但你很有可能意外被拉进某个重要且有意义的计划。

你会想到以提问的方式开始自己的表述吗？如果需要更多信息，你一定会提问，但如果你已经掌握了事实，进入了说服阶段呢？你是否相信，比起直接说“我来告诉大家我是怎么想的”，提问则是更有效的说服起点？我们确实忍不住想要告诉别人我们的想法。如果有人很信任我们，让我们参与或评判一场讨论，我们总是想说出一些真理令他们折服。

在总统办公室，我想要达到的效果是把问题从政治环境中分离提取出来，转移到一个更令人尊敬的环境中。虽然简单的陈述有时也有效果，但提问几乎是屡试不爽，尤其是通过提问把当下的问题囊括进去，且以我们想要的方式重新包装。

提问在说服工作中的目标只有两个，这个不难吧？不管你问什么问题，目标就只有两个，而且我们都能做到。

这两个目标就是：证明和质疑。问题要么可以证明你的观点，要么使对方的观点出现疑点；问题可以支持也可以反驳一个观点；问题可以使一个观点的真实性上升或下降。

回到我在总统办公室提的问题，你认为我真的是想要媒体代表分析司法体系吗？当然不是。我想表达的观点是，司法体系比政治和媒体更受尊敬，原因就是完整性理念根深蒂固，从而衍生出公平性，这两点在司法体系内能够牢固确立起来是因为二者本身就相辅相成。既然司法体系要遵守完整性，为什么在政治、媒体报道这样同样重要的领域不能遵守呢？

就说我举的例子吧，我和米克互相举枪（请大家放心，我们俩从来没有用枪或任何武器对准对方。不过他要是敢像有一次作为我的高尔夫比赛队友那样，18个洞43个推杆，我可能得重新考虑一下要不要对他动手了）。在我的假设中，说“米克拿枪对准了我”是准确的，对于我想象出的事实情况而言，这个陈述是真实的，但如果不提他这么做是自卫，显然也不公平。法庭辩论没有字数限制，证据的陈述不必像发推特那样控制字节，法庭辩论也没有最后期限限制，不用追求公众关注度，不用制造出爆款新闻吸引网民点击链接，如果我们故意省略能够为其他事实提供背景的情况，我们会遭到法官和陪审团严厉的处罚。

这点具有更广泛的意义。有良知的人都会认为，提到一个人拿起武器，而不提他是为了自卫这么重要的事实，这显然是不公平的，失去了可信度，省略事实也因此有损客观性。

我以这样的方式提出那些问题，目标是起到证明和质疑的作用，但又不会显得太直白。

为什么司法体系中有完整性原则？因为要实现公平，我们就要努力追求完整。总统可能确实在推特上提到了亚拉巴马，这么说并没有错，但如果让受众以为总统只提了亚拉巴马（他其实还提了南卡罗来纳、北卡罗来纳、佐治亚，这些都是确实受到飓风威胁的地区），那就是不公平的，而且让人怀疑为什么有人会格外关注亚拉巴马，忽略其他州，他有什么利益或动机？这件事后来被称为“飓风多里安—亚拉巴马争议”，如果媒体报道时把其他3个州也加进去，会有什么损失呢？为什么不把全部事实呈现出来？单纯强调总统提到亚拉巴马，而对他提到的另外3个州闭口不谈，是想要达到什么效果呢？如果只是为了嘲笑一下总统，陈述全部事实也可以做到。我提问的目标，就是反驳媒体的自我辩护，他们声称准确性就是事实上的公平性。然而光有准确性，也不能保证公平，只有确保完整性，才更容易做到既准确又公平，希望更多人接受这一点。

那天下午的会议不是我主动要求参加的，甚至不是我主观上想要参加的，但不得已身处其中。我认为，提出核心观点的最好方法是设计一些问题来证明或反驳某个立场。问题必须带有自己的观点，不管是显露在外，还是低调隐藏，是明显的还是暗含的，是微妙的还是直白的，必须有一个论点。由于你的目标是说服，要支持或反驳观点，你要做的只有两种选择，建立或拆除、前进或后退、证明或反驳。

软球与硬球问题

小时候我很喜欢运动，最喜欢的是垒球。我和很多小男孩一样，最喜欢的事就是等爸爸下班开车回家，把车停到家门口，那是我童年最生动、最鲜明的记忆。后来我逐渐知道，爸爸下班后是很累的，他想换衣服，休息一下，不想立刻跑到后院打垒球（但是我直到自己当了爸爸才知道）。小时候的我，会把我们俩的手套都准备好，衣服也都穿好，等他一下车就开始打球。我爸爸扔高飞球很厉害，但我总是很紧张，担心自己接不到。大部分时候我都是可以接到的，有时也会被砸到头。我爸爸是儿科医生，他知道擦过手套砸到我额头的球不会要了我的命，但我妈妈很担心，她总是劝我换一个游戏，或者在额头前戴上金属护板。

但是，我觉得自己应该提高接球技巧。我会在房间里躺在地上，朝天花板扔球，然后练习接球，避免它砸到头上。但是用真的垒球有点难，所以我用网球练习。垒球和网球砸在头上的感觉很不一样，如果你被两个球都砸过，就知道什么是硬，什么是软了。

听说过“软球问题”这个说法吗？**“软球问题”就是容易回答的问题，而“硬球问题”是很难回答的问题。**软球问题是用来证明的，比如在白宫记者会上，记者可能会问：“总统先生，您劳动节假期过得好吗？”这就是软球问题。

好像在求职面试的时候，考官问我们最大的优点是什么。这种问题就是为了让对方容易回答，可以借此提出自己的论点、论证自己的立场，这也是在给予对方说服的机会。

用银行的术语讲，软球问题给你机会在信誉、可信度、被喜欢账户里储蓄，正如前文所讲，这都是说服所需要的特质。

另外一类问题是用来**质疑和削弱**的，**这就是硬球问题**，它从信誉、可信度、被喜欢账户里进行支出。“您说的‘无新增税’是什么意思，您担任州长期间曾3次加税？您什么时候开始不在上班期间醉酒？你怎么才能在民调中获得高于零的支持？”这些问题会削弱、质疑提问对象，迫使对方以被动的、负面的方式回应。

法庭上也一样，提问的目标不是构建（证明）就是摧毁（质疑）。有时，同样的问题可以用来同时实现两个目标，需看提问人提问的动机和时机。

在生活中，我们能够感受到谈话对方是否站在我们一边，不管是探讨政治问题还是寻找一个同样支持达拉斯牛仔队的灵魂伴侣，我们都能在谈话开始不久就感受到对方是敌是友，至少在当前探讨的问题上我们能够感知到他的倾向。

给我们提供这些信息的不仅是对方提了什么问题，做了什么回答，还有他说话的语气和给你的感觉。对于朋友和理念相同的人，你的目标是支持、构建（希望是这样），给他们深入阐述的机会，在问题中提供一些支持你立场的事实，比如“达拉斯连赢超级碗那时候你多大？有一次他们赢了以后，吉米·约翰逊大喊‘达拉斯牛仔到底怎么样’，那是哪次？有一次里昂·莱特要做一个防守着陆，结果从后面被人拦住，那时我们比分领先多少？”这些都是友好的问题，论证的几个观点都是想说明达拉斯牛仔很厉害，赢得了几次超级碗，其中还有一次大幅领先布法罗比尔队。

假如你不是达拉斯牛仔的粉丝呢？怎么会有这种人？那你得先诚心诚意地悔过，请求原谅，如果这对你来说还不够，你仍然想提出你的质疑反对，问题就得换个提法吧？“达拉斯最近一次赢得超级碗时，革命战争是不是尚未结束？那时的头盔是羽毛做的吧？可能达拉斯上次赢的时候皮革都还没发明出来吧？”这些是不友好的问题，说实话，写下这些问题都让我感到不痛快。

什么问题可以同时实现两个目标

有些问题可以同时实现两个目标，在问题不变的情况下，提问的意图也许会截然相反。

南卡罗来纳曾发生一起联邦证人被害案，被告是汤米·帕韦永，他的妻子是索尼娅。警方第一次向索尼娅问起她对案件的了解时，索尼娅很不诚实，声称什么也不知道，什么也没听到过，不知道警察在问什么。虽然这些话不能让人信服，但她口风把得很紧。

然而一旦被联邦执法人员逮捕，很多人似乎一下子就能回想起很多事情。后来索尼娅因另一个毒品罪被捕，警方再次问起她丈夫的案子，这一回她说的内容就变多了。

如果检察官是你，索尼娅是你案件中的重要证人，首先你要解决她此前证词的问题（也就是否认知情），还要牢记你不是辩方律师，你的目标不是给她定罪。

检察官对证人索尼娅可以这样提问，“警方第一次询问时，你为何撒谎？”这个问题给了索尼娅解释的机会，索尼娅可以借此承认第一次撒了谎，然后解释为什么撒谎，从而支撑她第二次证词的真实性，这使得索尼娅第二次更加可信，因为她承认了第一次是有意提供错误信息。第一次的撒谎虽然是一个负面情况，而且不得不提及，那么提问的目标就是使她第二次的回答显得更值得信赖。主动把负面信息交代出来，往往可以给自己创造更为积极的效果。

索尼娅先是否认丈夫与联邦证人被害有关，然后又因毒品问题被捕，受到警方第二次问询，并在这一次向警方表示，她的丈夫确实与那起谋杀案有关。如果辩方律师问索尼娅为什么在第二次问询中撒谎，使自己的丈夫背上嫌疑，他提问的目的就在于反驳她、质疑她，削弱她证词的可信度。问题都是“你为什么撒谎”，但预期和带来的机会不同。

顺便补充一句，索尼娅以最佳的方式回应了“你为什么撒谎”这种问题。她作证时说：“当时要我在我丈夫和警察之间选一边，我选择了我丈夫。现在要我在我自己和我丈夫之间选择，我选择真相。”陪审团接受了她的证词，汤米·帕韦永被判有罪并处以4次终身监禁，禁止保释。

生活中我们有各种各样的理由提问，有时是急着问现在几点了，有时想知道对方是否喜欢看《英国病人》，有时就是想搞清楚为什么我的达拉斯牛仔队前任教练杰森·加瑞特专爱踢点球，好像比我对自己的孩子还要爱。看，我还是改不了老毛病，最后这个问题不是为了获取信息，而是想说服加瑞特在红区里再加把劲。

回到说服的艺术，**提问的目标只有两个：证明和质疑**（支持和反驳）。问题要么是加法，是在我们重视的账户里进行积累；要么是减法，从账户里进行支取，问题使我们更接近自己的目标，或阻碍对方实现目标。

知道了这两类问题，下面来讲讲第2.5类问题。别担心，我自己数学也不太好，但我保证，对数字的引用就到这里。

第八章

质疑式提问

实现目标的2.5个办法

现在开庭！

第611条规则：盘问证人和提供证据的方式与顺序。

1. **法庭的控制权及目的**

法庭应该对盘问证人和提供证据有合理的控制，目的是：

（1）通过有效程序确定真相

（2）避免浪费时间

（3）防止证人被骚扰或遭遇到不必要的尴尬

2. **交叉盘问的范围**

交叉盘问应限于与直接询问主题相关的事件和涉及证人可信度的事件。法庭允许在直接询问中提出其他问题。

3. **诱导式提问**

直接询问中一般不使用诱导式提问，除非为了拓展证人证词。法庭允许诱导式提问的情况如下：

（1）交叉盘问

（2）一方请出敌意证人、敌对方或与敌对方相关的证人出庭

这是法庭盘问证人的证据规则。你会注意到，第三点叫作“诱导式提

问”，但诱导式提问不能用于法庭直接问询。一般来讲，直接问询是向你召唤的证人提问。在医疗事故案件中，如果你是原告律师，直接询问就是向提起诉讼的病人提问。在刑事案件中，如果你是检方，直接询问就是向蒙面歹徒进入银行抢劫时在场的柜员提问。在这个环节，一般是不允许进行诱导式提问的。

与直接询问相反的就是交叉盘问。交叉盘问往往更受关注，电视剧和电影里看到的戏剧化询问场面，一般都并非直接询问，而是交叉盘问，比如检察官盘问被告，被告律师盘问受害者，这样的场面会比律师盘问自己的证人更吸引眼球，但我们不能被误导。直接询问才是真正介绍案情的环节，而且往往能够决定官司的输赢。

在上一章中，我们了解到提问的两大目标：证明与质疑。

本章，我们研究2.5个突现提问目标的方法。生活中的沟通和劝说有两大类主要问题：非诱导式和诱导式。这里我们再加一类，这种问题属于“半类”问题，问的是“为什么”。

什么情况下用非诱导式提问

非诱导式问题就是我们日常生活中最常见的提问，谁、什么、何时、何地、怎样，是寻求信息的问题（也是直接问询中的问题）。

> 几点了？
>
> 是谁最后离开办公室的？
>
> 你什么时候开始休假？
>
> 你把我的书放哪儿了？

这类提问的重点不在于提问题而在于答案。在法庭上，如果你是检方或原告，需要举证，那么你就要用非诱导式问题向证人提问。这种问题可以问得很巧妙、很有效，给人以启示。然而这类问题不会预告答案，这与诱导式问题不同。

虽然检方对证人和受害者的直接询问不如对被告人的交叉盘问更能引人关注，但使用非诱导式问题的直接问询才是论证己方观点的手段，通过这类问题，我们可以进行主动确认，而诱导式问题根本上是被动应对。

什么情况下用诱导式提问

国会听证会有严格的时间限制，议员或证人必须在规定时间内取得明显进展，我对此有很大意见。生活中哪有这样的情况，一方面你承认问题非常重要、复杂，另一方面你又只允许用5分钟时间进行讨论。因此，国会听证会上很少使用非诱导式问题，不是因为这种问题没有用，而是因为5分钟的时限，这让任何人都很难讲清自己的观点。

如果你总担心超时，而证人在一个问题上耽搁太久，你还有3个想问的问题，那你就不得不使用诱导式问题推动进程。

因此，你在国会听证会、法庭交叉盘问、电视访谈节目上经常看到的是诱导式问题。这些问题预设答案，使人把关注点放在提问者身上，而不是回答者身上，而且常以冲突的形式出现。

“我不是都说了6遍要打扫房间吗？”

“昨晚你是不是回来晚了一个半小时？”

“你是不是把最后一杯咖啡喝了，还没煮新的？”

“昨天你上班迟到了，这是事实吧？”

很遗憾在电视访谈节目里，对话一般是这样的，“你曾投票支持给×××

项目追加资金，你真的就那么讨厌儿童吗？”或是，“国务院里有很多隐蔽的国家行为者，一门心思要搞垮这届政府，是吧？”

这些都是诱导式问题，它实际是在陈述一个论断，留给对方的选择是同意或不同意此论断。这类问题的目的就是要牢牢抓住谈话对象，逼他承认一个事实或认可一个论点，提问者手握全部控制权，这一类型的问题基本上都是争辩性的。在法庭上，诱导式问题主要用于对证人的交叉盘问，或者你自己召来的证人流露出敌意，不愿合作，因为害怕不敢继续作证，这时你不得不亲自替他们作证，在陈述事实之后加一句，“是这样吧？”

如果证人感到作证困难，诱导式提问也可以帮助他们。

本书论述的不是政治问题，也不想框定读者的理念。只是我个人接触到的问题一定出自法庭、国会或我的个人生活，我举的例子也都如此。

指出这点是希望读者明白，我提到的这些问题及回答内容并不重要，你尽可保留自己的政治见解。使用国会调查和听证会的例子是因为我在国会工作了8年，我的提问对象包括一些大名鼎鼎又精明能干的人物，没有记者跟随的时候，我曾拜访世界上最伟大的摇滚乐团U2的主唱博诺并向他提问，我也曾与保罗·克莱蒙这样伟大的法学家交流。还有一次，众议长博纳让我和他一起会见桑迪·胡克小学枪击案的受害学生家长，这可以说是我公职生涯里最艰难的任务。

关于前文我提到的例子，可能有些读者认同我的问题，有一些读者则不赞同。有人会站在回答问题者的一边，也许有人不会，然而这些都不是我要关注的。因为别人的倾向并不影响我利用问题表达观点，所以在我论述时，只能从我自己的经历中举例，请读者多多包涵。

无论我们是律师、议员、父母、孩子、同事，都要从现有的事实出发。承认事实，然后研究事实，最好的办法是利用诱导式问题，将答案和事件的意义藏在问题里，引导想要说服的人走向一个特定的方向。这就是诱导式问题的本质，即提供答案，突出重点信息，让证人只能同意你的陈述。

“为什么”很重要

我们给女儿取名阿比盖尔·安德森·高迪，取自乔治·罗斯·安德森法官的名字。这个名字真是取得非常好，将来我女儿应该能做一个和安德森一样优秀的法官，至少她和安德森法官一样，内心更倾向于支持弱势群体以及那些无权无势的人。

最近我和她谈论起自然灾害与救灾，也谈到了洗劫商店的问题，有人认为抢劫商店里的食物和水等生活必备物品是可以接受的，这相当于一种隐性的社会契约，“因为没有收款机，我先拿走这些东西，等紧急情况过去后再来结算”，这可以称得上是冉·阿让式辩护。

还有一些像我一样的人，更倾向于认为偷盗罪不能因为自然灾害而无罪化，但处罚可以根据实际情况适当缓和，也就是说，偷盗还是偷盗，但我们承认做事的原因也很重要。虽然可以在量刑的时候将这个因素考虑进去，但这不是能改变对与错的天平。

这个问题和很多其他问题一样，最终都归结于“为什么”。

为什么偷东西？

为什么杀人？

为什么撒谎？

从另一个角度讲，“为什么”是世界上最重要的问题之一，它可以把杀人案从谋杀变成自卫，把谎言变成逃避一个更糟糕的结果不得不使用的手段。很多情况下，“为什么”是最重要的问题，也是最不重要的问题，这都要取决于个案和具体事实。如果你因为一个人打呼噜太响把他杀了，“为什么”已经很明确了，可依然不会对犯罪事实有任何改变，甚至可能使罪行更可怕。如果你杀人是因为这个人意图对儿童实施暴力，那么不仅你的罪行会被谅解，大家还会更喜欢你。所以，“为什么”这个问题从事实上讲是重要的，从人性角度讲也非常重要。

人都是既希望被理解，又希望有机会解释。我们总是以为，只要我们能把自己的话讲出去，一切也许就都不一样了。我们还非常好奇，如果听说一对夫妻要分手，我们会问：为什么？发生了什么？谁干了什么？

生活中尚且如此，法庭上、董事会里、家长会上、感恩节聚餐上，我们也会延续生活中的状态。

在谋杀案中，“为什么”一般并不重要，除非涉及自卫。除了自卫、必要情况、合理解释或意外事故，谋杀没有任何法律上可以接受的辩护，但“为什么”肯定是陪审团成员脑海里出现的第一个问题。人们希望了解事情发生的原因，为什么你做了那些事，为什么你有那样的观念。

拉斯维加斯发生可怕的枪击案后，我接受了电视采访，被问到枪击者的动机可能是什么。坦白说，我当时不得不斟酌是否要回答这个问题，因为在某些情况下我对动机的看法和我的同事们很不一样，其实动机就是“为什么”的另一种说法。我几乎没花时间去思考动机或“为什么”。无论如何，朝着露天音乐会上无辜的人群扫射不应该有任何理由。如果我说，一个可能的解释就是人性的复杂多面，对你有什么帮助吗？你很难从中找到一个理由，然后说，“好的，现在我终于理解了，谢谢你的解释”。

这样的罪行没有任何法律和社会可以接受的解释。对于这样罪大恶极的事情，探究“为什么”只能是助纣为虐，因为没有任何一个“为什么”足以解释这样的事情。所以，我没有花时间思考“为什么”，而是考虑如何防止这样的罪行再次发生，不管背后的“为什么”究竟为何种动机。的确，我这样的人是少数，我们大多数人都想要一个解释、一个动机，所以他们想知道“为什么”，即便根本不存在充分的答案。

在劝说别人的时候，“为什么”是一个危险的问题，存在各种各样的可能、希望及陷阱。

从不利的角度看，你会失去控制，你将下一段对话的主导权交给了谈话对象。想一想，如果你问孩子为什么考试没考好，会怎样呢？也许他会说："我没复习好"，尽管这种情况是很少见的，但接下来很可能你会听到一个长长的故事，从火种的发现，到大陆板块的分离，甚至包括他出生以来发生的所有令他有压力的事，他担心辜负你的期望，一个13岁孩子的"艰辛"生活，最后你会后悔问他为什么。你可能失去对话的控制权，也可能孩子的借口太糟糕，让你又问出一连串的问题，以证明自己的论点。因为不知道接下来会发生什么，所以问"为什么"是有风险的，除非这真的是自己最想知道的内容。因此，"为什么"带来的既有希望，也有陷阱，而我们常常忍不住去问这个问题：

你为什么撞坏自己的车？

为什么不打扫房间？

为什么不帮我做这个报告？

为什么每个感恩节都要看牛仔队？（因为每个感恩节他们都有比赛，就是这个原因！）但为什么他们每个感恩节都要比赛？

还有高尔夫队友问过的最有意思的问题："你为什么用那个杆？"（因为我以为那个杆最合适啊，傻瓜。要不然我干吗用它。）

要问"为什么"，提问者在对谈话失去控制和可能产生更多提问机会之间权衡利弊，而回答的人有时候会表现出自己的偏见、对谈话主题的兴趣，或根本不掌握事实。

如果你问了为什么，对方回答"是别人告诉我这样的"，那么接下来的问题是现成的，即那个人是如何知道的，为什么他会知道。如果你问为什么，对方回答"我就是这么认为的"，接下来的问题就是质疑他此前的观念，质疑他为何形成了这样的观点。

这就引出了最有效的说服工具，它可以彻底击垮与你对立的观点，即质疑。如果处理不好，那么质疑可能成为你的致命伤，使说服工作极其困难，但如果掌握了这项艺术，你便会成为说服大师。

第九章

搭便车式提问

巧用第三方力量削弱对手

联邦调查局局长在举行记者会时，宣称任何一个理智的公诉人，都不会因涉密信息处置不当而选择起诉，他提供的诸多理由，任何一个理智的人都不会接受。这起事件可以说闻所未闻，我认为给美国的司法体系带来了巨大损害。所以执法人员不能宣布是否提起指控的决定。

执法人员不应该在记者会上列举对未被起诉或指控的人不利的证据。美国司法部监察长对科米调查K案件的工作进行过多次调查，发布过不少报告，科米自己也通过多次讲话和撰文深入阐述此事。各位读者尽可以自己决定如何看待科米对调查的处理方式，他做出的不指控决定以及2016年10月重启的调查。

记者会后，科米接到通知要在众议院监督与政府改革委员会作证。如果是你，你会问他什么问题呢？你认为“陪审团”会包括哪些人？你的目标是什么？如果你支持K，你会质疑科米吗？如果你不是K的支持者，你如何在摄像机见证下充分利用这5分钟对联邦调查局局长进行提问？

我确实不了解科米这个人，即使我跟他一起出席过几次活动，问过他几个问题，也看过他在其他场合作证和讲话，但这也算不上多深入的了解，然而当你有机会向这个人提问时，这些都将是有益的信息。

科米很聪明、精明，知道自己无论说什么都会产生重要的影响，因而他着力打造一个不参与政治纷争的形象（至少曾经是这样），他担任过纽约南区的检察官，在司法部、私营部门工作过，最后又被提名并批准担任联邦调查局局长。

面对经验阅历丰富的检察官、执法官员，上述信息会如何影响你的提问角度？另外还有两个重要因素也要牢记：第一，关于这起调查，科米了解的情况比我多；第二，这场听证会现场直播，全国观众都是陪审团。

在举行听证会前，我会和杰森·查菲茨、吉姆·乔丹、马克·梅多斯几个同事聚在一起商量质询方案，根据我们各自的背景、性格、关注领域进行分工，安排每个人问自己最得心应手的问题。

背景情况基本清楚后，科米的记者会产生了轰动效应，他马上要来国会作证，每个人在自己关注的问题上都有5分钟交流时间。我想问的是，他提到过K案件中缺乏一个要件——犯罪意图，也就是将一个行动变成犯罪行为的知识或意图，这对于起诉案件是必要条件。

对我来说5分钟很紧迫，况且在问十分专业的法律概念时，我们相对于答问人往往处于弱势地位。关于犯罪意图，法庭意见里有十分冗长的论述，以这种概念为入口提诱导式问题是很困难的，大部分非法律界公众不是每天都会接触到这些概念。一般意义上的意图和特指的意图对法官和公诉人来说都很难在5分钟内解释清楚。而且，既要让听众听明白这个概念，又要表达清楚自己的论点，一般而言是很难同时做到的，这需要时间、精力以及听众愿意了解和愿意改变的耐心。

仔细想一下，如果我想解释什么是传闻证据，又想说服你这样的证据应该或者不应该被接受，难度是很大的。了解一个新概念需要精力，论述不同选择的优劣也需要精力。因此，我的经验是，在对话中既要传递概念又要论述理念是极为困难的，最好能把两件事分开做。当时，我觉得很难在5分钟内向听众普及犯罪意图的概念并说服他们K存在犯罪意图。尽管如此，科米确实亲口表示K缺乏犯罪意图（这和有犯罪意图是两码事），这一点是必须抓住的。

因此，我决定问犯罪意图的问题。我反复修改自己的问题，预设科米的反应。他会坚持不起诉K的判断，他一定认为这些要素是缺失的，但他也会承认，K的某些行为能够反映出她意识到自己的责任，比如她删除了一些邮件，雇人专门销毁一些设备，没有就自己的电子邮件安排征求上级许可，而且还故意隐瞒，她还为开脱自己的责任做出了虚假表态，这些都是可以证明意图的证据。

这个质疑方向虽然困难，但很必要。这是科米作出不起诉决定的关键。

举行听证会的那天早晨，像每次听证会开始前一样，我专门空出一段时间，坐在办公室里进行推演。如果他这么说，我就这样应对；如果他朝那个方向走去，我会用这个问题把他引回来。我心里还有些不安，我的提问是从法律角度入手，但这个问题已经变得不再是法律问题，因而我对此颇有意见，法律决定是明确无疑的。然而这起案件已经发生了变化，我必须要运用前文提到的说服的原则。

陪审团是谁？

我的目标是什么？

要实现这个目标，我需要承担多大的举证责任？

哪些事实可以为我所用，在5分钟内实现我的目标？

有时候，陪审团、目标、举证责任的内容会不断变化，这种情况在国会听证会、法庭、现实生活中都会出现。

正当我坐在听证会房间里准备开会时，我意识到陪审团也发生了变化，至少在我看来不一样。这些人不再是持开放的心态、客观的倾听者，并不想知道法律原则如何应用于已经发现的事实，其实他们是由两个群体构成，而且就只是这两个群体——支持者和反对者。如今的政界，这种情况越来越成为常态。

真的有美国人关心到底应不应该起诉K吗？我原本想提的问题很好，但更适合提给法学教授，还得是在一个没有网络的偏远地区休了一年假的那种。还有美国人真的关心犯罪意图、明知故犯、具体意图这些概念吗？

如果陪审团变了，那目标是不是也应该改变？我原本想质问、探究的是K到底有无明确的意图，使得一个小错误、小意外或小疏忽应该被界定为主观或客观犯罪，但现在我不得不承认，K的支持者并不在乎这些，K的反对者很可能也不在乎这些。两派均不在乎，并不是不在乎结果，而是并不愿为此大费周折回到论述推理的阶段。这就是从重视过程的司法体系转向重视结果的政治体系需要克服的障碍。在司法体系里，过程与结果同样重要。毕竟，在司法体系里，即使一些相关和实质性的证据浮出水面，也可能不被接受，即使你坚信被告就是罪犯，但供词可能也被排除，这都是因为程序在司法体系里十分重要。美国的司法体系是一个非常威严独特的体系，关于行为方式和行为结果同样看重，结果不能用来解释手段的合理性，它不仅要求我们要抓住犯罪分子，而且要以正确的方式将其绳之以法，就像人们常说的，宁可让99个有罪的人逃脱处罚，也不能让一个无辜的人蒙冤。

但好在我当时面对的不是司法体系，而是结果至上的政治领域，不管你对此是否认同。政界没有正确程序的条条框框，它唯一关注的是选举，应用规则的是选民自己。

科米说，任何一个理智的公诉人都不会提起这个案件的诉讼程序，这相当于，即使一个不同意他看法的、理智的公诉人也无法提起诉讼。“没有任何一个理性的公诉人”这句话是不留余地的。

既然陪审团变了，我的目标也必须改变，至少我要看到我原来想要打动的陪审团并不存在。

听证会开始后，杰森·查菲茨作为主席致开场白，我便利用这个时间调整我要在5分钟内的提问。原来的问题，对于一屋子哲学家或真心想知道如何做才对的陪审团来说可能很好，但这并不是我的受众。我发现这个情况太晚了，好在我还有几分钟时间，可以转向利用第三方对当前的证人本身进行质疑，也就是说用搭便车的方法。我草草在纸上写了几笔，在这之前做的准备工作都无法用上。现在我要做的是通过科米来对K这个人进行质疑。

这里我简要记述一些科米的回答，我会努力呈现这里面传递给陪审团的信息。建议大家去看我们完整的对话，而后再确定我的总结是否公允准确。

我：K说她从未使用私人邮箱收发任何涉密信息，她所说的是否属实?

科米：不属实。

我：K说她的邮件里没有任何信息标有涉密字样，这是否属实?

科米：不属实。

我：K说，“我没有用我的邮箱向任何人发送涉密信息，我的邮件里不存在涉密信息，属实吗?”

科米：不属实。

我：K说她只用过一种设备，属实吗?

科米：不属实。

我：K说所有工作相关邮件都被转交给了国会，属实吗?

科米：不属实。

我：K说她的律师过于全面地阅读了她的所有邮件，她的律师是把邮件分开并一封一封地读的吗?

科米：不是。

从这里可以看出，利用第三个人或者一些其他的事削弱对手的可信度，会使被攻击者没有机会自我辩护或解释。我知道科米不会为K记错一些事实做掩护，他会觉得K可以在其他场合进行反驳，或者他也觉得K就不应该记错这些事，无论如何，他都不会为K的错误回答做辩护，他只会提供K真实的回答。

所以，我的目标从探讨起诉案件的要件是否缺失，转向了K是否诚实。陪审团有两大阵营，一边是需要一个新抓手的共和党，因为刑事诉讼程序已经无望；另一边可能原来还比较喜欢K的一些政绩，但对她的可信度存疑。质疑就是有这样的摧毁效力（或者说应该有这样的效力），曾经没有说真话的人以后也可能不会说真话。换言之，赞同K的政绩没问题，但考虑到她过去曾偏离事实，你认为她现在或以后说的肯定就是真话吗？

我从没说K撒了谎，我只是引用她自己的话，让负责调查她的人确认这些话是否为真。我还把问题的答案隐藏在问题里，一次偏离事实可能会有影响，但不足以为证，然而多次地偏离事实，特别是在很容易被事实揭穿的问题上提供虚假信息，会对所有听众产生影响。

名誉与看法的破坏性效应

尽管搭便车式的质疑十分有效，但不是很常见。在日常生活的场景中，信誉遭到质疑的人一般都在现场，可以直接进行自我辩护。通过第三方质疑，使质疑对象无力纠正、解释或减弱你的攻击。有一些常见的搭便车质疑情景，比如法庭、国会听证会或信誉受到质疑的当事人不在场等，这里便有一套独特的规则，与我们在家里和办公室茶水间里的对话不一样，但基本理念相同。

在科米和K身上是这样，在共和党这边也是如此。

每天媒体都在盯着总统是不是又搞错了事实情况，有的媒体机构甚至在统计他们认为的总统说假话的次数，目标和我对K的质疑差不多，就是给说话人蒙上一层可疑的影子。

因此，我总是不断想起尼采说过的那段话，他简直把人性说得太透彻了，大意就是说，“让我生气的不是你对我撒了谎，而是我不知道以后还能不能相信你”。这正是搭便车式质疑及其他各类质疑的力量源泉。

在日常生活中，质疑的力量和破坏力甚至更常见。我们对国会里的政客和法庭上的律师可能没抱太高期望，但我们对自己的家人、朋友是信任的。不实话实说可能会带来诸多怀疑，让你对这个人说的任何事都产生怀疑。

尼采准确点破了人性，不能信任别人给我们带来的影响是极大的，一点小小的不真实最后可能会发展成为对所有事情都不信任，摧毁友谊、婚姻和商业伙伴关系。既然小事你都撒谎，又有什么能阻止你在大事上撒谎呢?

谎言就像破解谋杀案需要的那根头发，考古学家需要重塑脸部构造依据的一颗臼齿。一个谎言就可以毁掉一个人的名誉，影响大多数人的看法。因此，我们必须要知道通过搭便车质疑某人时，常用的两个切入点，即信誉和看法。信誉是你认为第三方如何看待当事人，看法是你如何看待当事人。看法不如事实有力，但在我们生活中常产生巨大影响（在法庭上的影响却不大）。

你可能注意到，人们对电影明星的人品总有自己的看法，虽然他们并没有接触过明星本人，但就是因为一个举动、一次不实的表述、小报上一篇有偏见的文章，人们就会形成自己的猜测。一个揣测可能就会使大家都喜欢的一个名人瞬间失去公众支持。名誉的关键就在于此，一次不好的名声就会引发我们很多的个人看法（虽然有时候并不都是合理的）。

很多人都被问到过，某某歌手、演员、政治人士发生了丑闻，你怎么看，或者问你怎么评价一个你根本不认识的人。那么关于我们认识的人，情况又是如何呢？这里的影响就更大了。我们对自己认识的人是否真实可信，一般有自己的看法，说不定某天一个朋友被人质疑，我们就要被迫说出自己的看法。可能有人正在质疑你的朋友是不是说了真话，是否有事实依据，是不是得出了正确结论，可能你还要引述别人的看法，因为这样有助于你在自己的沟通中说服别人或反驳质疑。

真正的搭便车式质疑是利用事实和切身经历，通过一个证人支撑或削弱另一个人的名誉。这种方法十分有效，但并不常用。尽管如此，我们要了解为什么这种质疑具有强大的力量，要认识到搭便车的魅力在于，对方毫无反击之力，我们可以通过一个问题实现一个更大的目标。

在科米的对话中，我设计的一系列问题使他只能回答出一串“不属实”，这对被质疑人的信誉产生了接连不断的破坏性效应。

那次听证会，我的陪审团是美国公众，他们听到的关于K可信度的信息是这样的：

“不属实。”

“不属实。”

“不属实。”

“不属实。”

“不属实。”

“不属实。”

“不属实。”

这就形成了名誉，产生了看法，效果是很强的。

如果你问：“你相信某人告诉你的话吗？”回答是：“不相信。”这会造成影响，吸引注意，那么一连串似乎没完没了的“不”的力量就更加强大。经过这些铺垫，对于接下来的问题，听众们甚至自己就会得出“不”的结论。小时候，爸爸妈妈让我们反复背诵乘法口诀，我们也总是能记住自己最喜欢的歌词，能背出忠诚的宣誓词，坐飞机时空乘人员讲的安全须知总是在我们脑海里挥之不去，其实这些道理都是一样的，被重复的信息充分地得到了我们的重视。

这就引出说服艺术的另外一个有用的手段：重复。

第十章

重复性提问

打动对方的“七次法则”

大学生活的记忆对我来说已有些模糊，但我仍能按字母顺序说出兄弟会成员们的名字，因为当时老成员总要求我重复地说这些名字。假如他们逼我背历史课、心理学课的相关内容，当年我考试成绩一定更好。无论如何，背兄弟会成员姓名，我绝对可以算得上优等生。

我们重复的时候会感到很累赘，有时会先说，“要是我给你讲过这事，你就打断我”。但累赘和重复不仅将信息牢牢地刻在听者心里，而且也传递这样的信息：这件事非常重要，所以我会反复去讲。

政界有这样一种说法，要想让一个人给你投票，至少要打动他7次。在法庭上，如果一个论点很重要，那么所有能证明这个论点的证人都要去做这个论述。如果要指证一个银行抢劫犯，有5名银行柜员可以进行指认，你会让几个柜员去指认他呢？要5人全部指认才是聪明的做法。

各行各业都如此。广告业也有一个“七次法则”。有一个概念叫“有效频次”，就是说消费者要看到一则广告多少次才会做出反应，不管是决定购买产品还是记住了广告传递的信息。

这个规则真的有效，看看下面这些你是不是感到熟悉？

“每一滴都极好”（麦斯威尔咖啡广告词）

“咕咚、咕咚、嘶嘶、嘶嘶，太舒服了”（阿卡塞泽感冒药）

“放心交给我”（好事达保险）

“给我15分钟，帮您至少省15%的车险费”（盖可汽车保险公司）

这不只是广告词写得好，而且也是重复的力量。这些广告词，有的已经重复了几十年，不是为了省广告费，而是他们深知不断重复会带来熟悉感、真实感和信任感。我夫人教小学一年级学生背诵单词时也是通过不断重复。

从说服的角度讲，重复不但增强人们对信息的记忆，而且使这个信息显得非常重要，值得关注和记住。

重复的力量

加里·瓦纳特被控杀害了自己的分居妻子弗莱达·梅·瓦纳特。弗莱达·梅已经搬出了他们的家，申请了法院的限制令，开始找工作，并准备与加里·瓦纳特离婚。1999年10月1日，她约了发型师做头发，而后要去参加面试，但那天她没有出现，后来人们在斯帕坦堡一条水沟的弃车里发现了她的尸体，而且身上有多处刀伤。

加里·瓦纳特对这件事的回应很特别，但因为弗莱达·梅已经死了，无法提供另一种解释，我们只能从加里·瓦纳特的解释入手，从而对他提出质疑。不合乎正常逻辑的是，加里·瓦纳特选择为自己作证。

我们来做个试验，我先告诉你加里·瓦纳特是如何说的，你可以边看边思考如何对他进行交叉盘问或质疑他的证词。

加里·瓦纳特说，那天他驾车，而妻子开着另一辆车，他们同在一条路上，碰见后停在路边，妻子提出与他发生性行为，他表示拒绝，而妻子拿出刀威胁他。没错，一个丈夫拒绝了妻子的性示好，然后妻子拿着刀逼他就范。

这还没完，下面还有。

加里·瓦纳特说，他妻子提出坐进他的车里，表示可以提出取消对加里・瓦纳特的限制令，但需要带她回到二人共同的家，以便给警察打电话，申请取消。忽然，弗莱达・梅抢过方向盘把车往沟里开。加里不知用什么办法停住了车，但是车停的时候，据他的证词讲，弗莱达・梅拿出刀威胁要杀了他，然后她一脚踩上油门又把车开了出去，加里・瓦纳特试图阻止她，最后才意识到自己刺伤了她。

"好了，律师，现在你可以交叉盘问这名证人了。陪审团的各位，请把注意力转移到公诉方。"

现在该怎么做？

你会从哪里开始？什么原因呢？

陪审团成员很明确，12名陪审团成员坐在你旁边的陪审团席上，等待着听你要说什么。

你的目标是什么？当事人死了，不能就当天的事件提出其他版本的证词，或许还有其他情节，但死者无法开口。

你要以排除合理怀疑的办法说服陪审团，而且你要对加里・瓦纳特这个人就事实提出质疑，对不对？

他的论点是自我防卫，说二人当时在争执，女方拿出刀，男方还击，结果女方死了，这是他叙述的主要内容。虽然情况对你有利，但你的当事人还躺在棺材里，只留下一纸尸检报告，而对方身上一处伤都没有，但这是你的结论，是你要在收尾时向陪审团指出的情况。那么交叉盘问的环节怎么做才能实现目标呢？

公诉人：加里・瓦纳特先生，你第一刀捅在哪儿了？

被告：不记得了。

公诉人：不会吧，加里・瓦纳特先生，你妻子申请了对你的限制令，已经离开你了，而且还准备和你离婚，她是在开车去参加一个面试的途中遇到的你，她忽然决定拦下你，主动要和你发生性行为，这样的事你都记得，怎么会不记得把刀捅在了哪儿呢？再想想，加里・瓦纳特先生，到底扎在哪儿了？

被告：我记得可能是胳膊吧。

公诉人：当时车里只有一把刀，这把刀就在你手里，你完全控制着这把刀，但你没把刀扔出窗外，反而拿刀捅了她的胳膊，是这样吗？

被告：（没有回答）

公诉人：捅了第一刀后，你妻子说了什么？

被告：什么也没说。

公诉人：所以你想告诉陪审团的是，你拿刀捅了一个女人的胳膊，她一点反应都没有，而且什么都没说。加里·瓦纳特先生，她说了“住手”“你干吗捅我”“好疼”“你竟然敢捅我”这些吗？你确定她什么都没说？

被告：没说。

公诉人：第二刀捅在哪儿了？

被告：事情发生得太突然，我真不记得了。

公诉人：她要求跟你发生性行为这事儿，你倒记得挺清楚，反而想不起来第二刀捅在哪儿？

被告：想不起来。

公诉人：她是否让你住手？你捅第二刀时，她说什么了？

被告：没有。

公诉人：第三刀呢？

被告人：（没回答）

公诉人：加里·瓦纳特先生，你捅了她心脏两刀，那时候她肯定说了什么吧？她说的是什么？

这就是重复，它听起来很啰唆累赘，答案好像都一样，但我们通过重复提起关注的不是答案本身，我们关注的是问题。我们一步一步地、煞费苦心地把9刀都问了一遍，包括捅在心脏上的两刀。

加里·瓦纳特绝不会亲口承认杀了妻子，这个目标是不可能实现的，你也不需要他亲自承认，他不是陪审团，对事实的判断没有意义。你的目标是让陪审团在你逐一追问这9刀的过程中感到难受，让陪审团意识到，一个被刀袭击的人什么都没有说。

第四刀呢?

第五刀呢?

第六刀呢?

第七刀呢?

第八刀呢?

第九刀呢?

实际上，你正在逐渐建立你的论点，一步步增强你的论述，从而为结辩陈词做准备。在这起谋杀案中，一方失去生命，而另一方没有任何伤口，这不可能是自卫。受害者被连续捅了好几刀，却什么都没说，这种情况对陪审团来说是不可能的，但不重要。我们追问被害人究竟说了什么，看起来没什么危害性，好像用一页纸划伤自己一样。我们都有这样的经历吧，一张纸把我们的手划出小口，我们便很快缩回手，也许还咒骂一句，暗暗地想以后可要小心。我们不会呆坐在那里，毫无反应，等着再伤第八次。

通过重复，可以把最重要的信息一遍又一遍地印刻在听众的脑海里，而如何选择这个重要信息可以称得上是一种艺术。在瓦纳特案件中，他的妻子已经离开了他，她申请了对加里·瓦纳特的限制令，案发时她正在驱车赶去面试，这些都可能成为我们的选择。

当时，还有一个可以强调的地方。加里·瓦纳特提出一个荒谬可笑的场景，一个妻子会在路边拦下她的丈夫，要求与他发生性行为，更可笑的是这个丈夫还拒绝了。庭审后，有几个执法人员问过我，为什么当时没在这个疑点上使用重复策略。这个问题很好，原因实际上有两个：一是无论我强调与否，陪审团成员估计没人会忘记这一点。更重要的是第二个原因，这一点与本案的指控并没有密切关联，而挥刀捅向受害者则与本案的指控密切相关。

另外，我想让他逐步把9刀造成的伤口都详细说一遍，因为我希望陪审团和加里·瓦纳特多次听到这句话，“你拿刀捅你妻子的时候”，因为重复很有力量，而我听得越多，记得越牢，越抱有一丝希望。或许这些话对他会有所触动吧。

听得越多，记得越牢

我们生来就对重复反应很强，听得越多，记得越牢，也越相信其真实性。

此外，我们天生不喜欢重复，更不会在上午对别人重复说6次早上好，我们希望别人早上好的愿望能持续存在，然而不会反复表达，如果表达过多，这会让我们感到不舒服、很机械，甚至有点诡异。

我们也不会没完没了地表达同一观点。正常人一般都不希望让别人难受，所以一旦我们把一个观点表达清楚，就会停止进攻，在不让对方感觉难堪的情况下，选择维持自己的优势，而不是继续得分。

但确实有那么一小部分人会在已经获胜的情况下继续进攻。

我跟米克·马尔瓦尼、林赛·格雷厄姆打高尔夫时，就碰上过。我与米克、林赛是老球友，如果要比的话，那目标肯定是取胜。可我们一般只想一起玩，虽然我和米克有时候是对手，但也会互相切磋提高挥杆技巧，如果林赛发现比赛中一方领先太多，就会在中场调整。

有一次，我是一队，米克和林赛是另一队。一开始，我们这边就领先了。而且我们优势不断扩大，到中场时，我们已经领先6个洞了，后面只剩9个洞，他们想要追上我们就已经很难了。我们中场休息了一下，吃点东西，开始往回打第10个洞。我所在的一队有一位重要人物坐在高尔夫球车上，侧身转向我，我以为他要说“下半场让他们多打几杆吧”或“我们已经赢了，可以重新分组再比一场”。结果我错了，他说：“下半场争取让他们一个洞都赢不了。”

这就是沟通和说服中的重复，就是要找到对手的错误，不断“提醒”他自身的错误。

打败对方只需重复他的错误

乔纳森·格鲁伯是毕业于哈佛大学和麻省理工学院的经济学家，据称是他起草了马萨诸塞州医疗卫生计划，也就是后来的平价医疗法案或奥巴马医疗法案的前身。麻省理工的教授可没有傻子，所以他来国会作证时，关于医疗保险、保险费补贴或经济学的内容，我不会问他。我会选择我们二人都熟悉的内容，针对他在录音中说的话，问一个只有他能回答的问题，也就是他说那句话是什么意思。即使是极聪明的麻省理工教授，有时也会说过火或不当的话，格鲁伯那天就犯了这个错误。

当时我们谈到医疗法案，关于法案是如何通过，为什么以那种方式通过，格鲁伯的原话是：“美国人民太愚蠢，根本不能理解其中的差别。”如果你从小就被教育不能说“愚蠢”这个词，那就只能请你跳到下一章接着阅读了。格鲁伯后面又说了一次，他说“美国选民太愚蠢”。

其实，对我来说他说一次愚蠢就够了，但他说了两次，因此我接下来的工作变得十分容易。虽然格鲁伯只说了两次，但如果你的目标是质疑格鲁伯，你就需要美国公众反复听到他说的这句话。

所以，如果换作你来质疑格鲁伯，你会在问题里重复多少次“愚蠢”这个词呢？如果你相信重复的力量，那么你一定会重复很多次。

你可能会问：

“愚蠢”是什么意思？

怎样才算“太愚蠢”？

“愚蠢”分程度吗？有的愚蠢在接受范围内，有些属于“太愚蠢”？

所有的美国人都“太愚蠢”吗？

你怎么分辨哪些美国人属于“愚蠢”，哪些美国人是“太愚蠢”呢？

你有没有使用什么智商测试来判断美国人“太愚蠢”？

斯坦福—比奈测试能测愚蠢度吗？韦氏智力测验如何？

询问格鲁伯时，我没有充分运用重复的力量，虽然我就这个点对他进行了足够的质询，但他说的话中还有其他内容更值得听众注意和花费时间，比如他赞赏立法程序缺乏透明度。如果国会听证会没有5分钟限制的话，我会好好询问格鲁伯教授所言的“太愚蠢”是何意思。

如果你已胜券在握，重复就很有效。如果对方只是用错了一个词，说了一句不妥的话，那么你最好先祭出最有杀伤力的武器，然后在别无选择时，再考虑重复他说错的话。

第十一章

学会精准用词

精准用词是沟通的有效手段

或许很多人都没听说过化学安全与危险调查理事会，本来我也没听说过，但众议院监督与政府改革委员会主席杰森·查菲茨知道这个理事会，他觉得应该搞一次听证会，了解一下理事会的工作，只是这个听证会场面可能不很好看。

现在想起来仍让我感到懊恼的是，杰森还觉得有必要让我也参加听证。2015年，我正在华盛顿的办公室中忙着自己的事，查菲茨主席打来电话说："我需要你过来一下，质询一位证人，不会花费太长时间。"

"杰森，你为什么不自己问呢？"

"因为你会问得更好。"

这点我应该表扬杰森，他明白给别人戴高帽子总会实现自己的目的，也知道他这位杨百翰大学的开球员那天正好需要一位检察官帮忙。

那场听证会研究的是时任化学安全与危险调查理事会主席私人邮箱的使用问题。当时我手里只有他之前接受质询时说过的几句话：

> 2014年6月，查菲茨主席问你是否用过私人邮箱处理公务或进行公事沟通，你的回答是："呃，是的，因为我不了解邮箱使用的

规定。”

假如是你进行问询，这场听证会应该是同时质疑这个人，也质疑事实。经过前文的探讨，你也已经知道，最好、最安全的办法是通过问题质疑，而不是直接提出指控或发表陈述性意见。

你可能会问：“为什么你不了解规定？”因此，你可能会问一系列问题，证明员工有很多途径可以获得信息，你需要了解私人邮箱使用的边界禁忌，从而减少这种“无知”，你可能会问他有没有查过手册或培训指南，了解哪些可以做，哪些不可以做。

他给了你一个词：“不了解。”

这是他用的词，不是你的，因此你要把这个词的所有权放在他手里。

我便是这样做的。我问他为什么不了解，他说：“呃，我刚进入理事会的时候，看到这是一种常见的做法……”

“有谁明确这样告诉过你吗？”我问。

这时，他说了“大家”，这个词我建议大家在任何场合都别用。他说：“我的理解是大家都这么用。”

有些词太宽泛了，无法用于有效、精准的沟通。“大家”就是一个很宽泛的概念，它有两个假设前提：一是你知道大家是谁；二是你知道大家是怎么使用邮箱的，这点显然是很难做到的。另一个类似的词是“总是”，“总是”的定义和同义词包括“永远地”“每次”“所有时候”“毫无例外”，“总是”这个词迫使使用者预先排除其他选择，这不可能。要用“总是”，你需要确定其他选择有哪些，对它们进行逐一分析和剔除，这是一个绝对禁区。

这名证人后来想证明他很少用私人邮箱处理公务，他说他是在任职“初期”这么做的，那这就不符合“大家”或“总是”了，这就很具体了，非常好！

现在你要让他明确“初期”，因为你清楚地知道他用私人邮箱处理公务有18个月的时间，这很难说是“初期”。

当我们提到，在他任职理事会主席“初期”后，还继续使用了私人邮箱，他退了一步承认自己也许说错了，继而说“可能是”。

天哪！“可能”与“是”一般不会放在一起用，不是吗？我们仅仅通过提问这种安全方式，不用做任何其他的事，就可以让证人承认他们曾说过的话，承认他对这些话的解释，我们唯一做的就是通过提问让他承认他的行动不符合他的解释。

前面我们探讨过“为什么”这个词的力量、潜力和陷阱，在所有问题里，它最容易让我们迅速对谈话失控，但是如果你把“为什么”与自己的方向感结合起来，这个问题就会有巨大的力量。换句话说，当问题很难解释时，“为什么”会有极强的效力，因为人们总是想要解释，即便有的事情根本无法解释。人们想探究原因、解释为什么。如果对于某件事来说，除了人为错误或不当行为，没有其他的解释，那么这时候去问“为什么”，调动人们希望了解原因、希望进行解释的天性，或许会取得很好的效果。

关于化学安全与危险调查理事会主席的提问可以这样进行：

“为什么你刚才说，在你入职后不久就不再用私人邮箱处理公务了，而事实上你持续使用了18个月？”

“为什么你刚才说大家都这样，其实大家并不全是这样？”

“为什么之前你在作证时，你说你已经不再使用私人邮箱处理公务了，而事实上在作证后你还用了6个月？”

在这次交流中，有几点经验需要总结：

1. 在提问中引用对方的话，让对方几乎无法辩驳。

2. 如果你是证人（也包括在日常生活中），不要使用“大家”“没人”“总是”“从不”“每次”这样的宽泛表述。

3. 关注对方是否用了宽泛的表述，这种致命失误可能会给你提供很大的优势。

4. 在所有的辩论和劝说性对话中，请对方澄清一个词的含义是非常经典的问题（如，你说的“初期”是指什么）。

5. 有目的性地认真使用“为什么”，也许会产生最佳效果，特别是让对方解释无法解释的事情。

简单来说，**表述十分重要**。你们不会都像我一样，从小就被父亲逼着阅读辞典。读辞典绝不是什么坏事，它可以提高你对文字的兴趣，重视文字的精准含义。我鼓励大家都注意精准的文字表达，这对于有效沟通非常重要。有些词还说得过去，能够起到沟通作用；有些词能够完美地表达你的想法；还有很多词会让你的论述变得模糊、混乱，无法实现目标。无论是在餐桌上，在公司茶水间，还是在车里和你的配偶争论，你都要注意用了哪些词，并学会从对方用的词里寻找突破口。

精准用词的重要性

我们已经看到，有些较为宽泛的词无法用于有效、精准的沟通。

如果有人说：“我说话的时候你总是打断我。”你可以指出，你只打断过他××次（打断人确实不礼貌，但总是一个人说个不停也不好），或者你可以抓住“总是”这个词。生活中、工作中、日常休闲时，你肯定会碰到这样的人，他们善于抓住这样的词对你进行反驳，让你偏离最初的沟通目标。

其实，只要说“我正在说话你就打断了我”不就可以了吗？以夸张的方式辩论有什么好处呢？夸张对于劝说型沟通是有作用的，但必须是有意使用，而不是随意说出来，它只能是故意的夸张，目的是产生幽默、荒谬的效果。非要在这句话中说“总是”对你来说有什么意义呢？你也不可能把你跟这个人认识以来所有的对话都研究一遍，你想表达的意思是“别打断我”，“总是”这个词除了让你的论述站不住脚，没有任何效果。

如果你说“你总是在我们讲话的时候打断我”，这里面“总是”是个容易被抓住的词，“我们”也是。“我们”做不了“讲话”的主语（除非你是皇室成员，用的是皇室的特定表达，但我估计你应该不是这种情况）。讲话的主语可以是你、他们，但不会是我们。使用“我们”虽然能体现一定的包容性，也值得肯定，但也使你为此遭到反驳。这本来很容易避免，对于实现你的沟通目标毫无意义。

如果我夫人看到这段话（她一般不会看），她肯定说，不要吹毛求疵，人家想怎样说就怎样说吧，没人拿着放大镜挑毛病。她这么说也没错，她身边的朋友都很好，不会争来争去，但我生活的环境很不一样，在这种环境里游刃有余算不上什么好事。归根结底，精准很重要。

还有哪些词会让人的论述站不住脚呢？“没有”作为一个词或一个开头语会有这个效果，比如“没人关注我”“没人问我怎么看”。怎么说更好呢？可以这样问，“为什么你不关注我？”“为什么你不问我的意见？”

还有一些更软的表述和手段可以用于表达我们的观点，降低被反驳的可能。比如即使在你很确定的时候也可以说“可能”，给自己留一点余地没什么损失。“很有可能”也是一个软词，它表达了一种有利于你的可能，又不像“总是”那样要排除所有另类情况。还有“一般”也是自带安全性的。这些词给我们留下逃脱、撤退和转向的可能。

需要再强调一遍的是，“在我看来”“我感觉”这样的说法会给说话人带来风险。看法没问题，但是在两方围绕事实的争论中无用。大家都听过这句话，“你可以有自己的看法，但不能有自己的事实”，这或许是有道理的。在劝说的等级效果中，事实高于看法和感受。我更喜欢这样说，“你对×××有不同看法吗？”“你考虑过×××吗？”“有没有可能是×××？”

关键我们要明白，不管是用宽泛词还是软词，决定我们沟通成败的是表述方式。我们要“总是”仔细听自己用了什么词，别人又用了什么词。在我经历过的情况中，就有很了不起的人败在自己用的宽泛词上，很有优势的论点遭到削弱。沟通和劝说本身就不是容易的事，如果自己再不小心用错词，原本有更准确的表达不用，反而选择一些比较随意的说法，犯下不必要的错误，就会更难实现目标。过于谨慎于我们而言毫无损失。

从词语的定义开始

如果谈话双方就所谈内容没有达成共识，那么有效沟通是不可能实现的。学拉丁语时，我完全听不懂老师讲的内容，看看我当时的分数你们就知道了。即使双方都使用同一种语言，也要对所用词语的含义有共同理解，这对于真正理解别人和被别人理解都有必要。如果你想挫败或削弱对方的论述，从词语含义入手也很有效。有一些词，我们都觉得自己懂，但总有人解释起来很费劲，每次我看到都会感慨。每天我们都会用到一些有多重含义的词，有时词语表达的意思和我们心里想的并不一样。

"大量毁灭"（decimate）就是一个经典的例子。一般我们用这个词表示完全摧毁和彻底清除，古时候这个词的意思是每十个人杀掉一个（它的词根decimat意思是"作为第十个"，我还是会拉丁语的！），留下0%和90%的战斗力是完全不同的。

精准地理解话语，要求对方对他的话有明确定义，这是非常有力的劝说工具。

切罗基县发生过这样一起案件。乔纳森·比内闯入艾伦·萨森和朱迪·萨森夫妇家里，做了些只有道德极其败坏的人才会干的事，他在他们家中自慰、排便。比内很有可能是我起诉过的最变态的被告，这句话你一定要重视，我曾经也起诉过很多心理不太正常的人。

比内为何会闯入萨森夫妇的家？这本身就是堕落与邪恶在作祟。具体细节暂且不谈，我只需告诉你一点，比内之前性侵过一个婴儿，但他不想以儿童强奸犯的罪名入狱，如果他要入狱，那不如担上杀人犯的罪名，因此他闯入了一对陌生夫妇的家。这对夫妇从未惹过他，他们互不认识，但比内需要一个作为杀人犯入狱的罪名。

比内闯到这对夫妇家里做那些龌龊事时，朱迪·萨森正在上班，她是乡村邮递员。下班回家走进家门时，她被比内枪击，随后死在医院里了。

开枪打了朱迪以后，比内骑上电动车，想销毁犯罪证据，还给自己贴上几个戒烟贴。他为什么贴戒烟贴呢？据他说，他想自杀。

后来他跟陪审团是这样说的，这点为什么重要呢？有两个原因：一个明显，另一个不那么明显。明显的是，如果他闯入萨森的家是为了等朱迪和艾伦回家，并杀死他们中的一个，或是想入室抢劫或进行性侵，那么比内就可能会被判处死刑。比内声称，他白天闯进朱迪家的目的是自杀，而非抢劫，因此后来发生的命案不应该导致他被判死刑。

刑事案件中被告人以“自杀”来自我辩护还有一个原因，他们错误地认为，如果陪审团看到自己受到良心谴责，决定自杀谢罪，会对他们产生同情。他们奇怪的逻辑是这样的，即被告已经有了求死的心，我们要是真想处罚他，就应该让他好好活着。是的，我也不太理解他们的逻辑，但有一些被告确实是这样想的，其实这很容易被戳破。

从哪儿开始戳呢？有一个明显的事实也许可以作为突破口，杀害朱迪时，比内用了特别可靠的致命手段——枪击，但是自杀时比内却用了一种谁也没听说过的办法——贴戒烟贴，等着心跳过速死亡。你要是还不知道结果的话，那么由我来告诉你，这种办法没让他死成，这简直就是最不上心且极其懦弱的自杀手段了。

你可能也在想，他在萨森夫妇家里等了那么久，怎么就没时间自杀呢？这个问题非常好。他在萨森夫妇家中做了那么多龌龊的事，只是没时间把枪对准自己扣动扳机。

自杀的定义很少有重要意义，或带来法律后果。我们都以为自己知道自杀是什么。然而在这起案件中，自杀的定义十分关键。

先不提案件本身的可笑之处。一个想要自杀的被告，编出这么大一套奇怪的法律逻辑来摆脱死刑，这事儿本身就使我想到一点，生活中有很多这样的词，平时我们觉得似乎自己都懂，但真到了要下严格定义的时候，却发现自己不一定懂。

这使我回想起一个美好的夜晚，我在北卡罗来纳夏洛特吃的一顿晚餐。

和我一起吃过饭的人都知道，我在餐桌上开的轻松玩笑有时候会变得让人难堪。当时，我和蒂姆·斯科特参议员以及另外两个人在一家餐厅里，等着上菜。其实，我不确定服务员是否记了我们点的菜。

气氛一度有点闷，我们得找点话讲。我当时想到了什么？有一个话题很轻松！谈谈自杀吧！

自杀是什么？如何定义自杀？你可能觉得你知道，但是你要真的试一试才知道。如果真有人让你给自杀下个定义，那你会怎么说？

就是结束自己的生命，是吗？

你想用什么手段呢，要花费多长时间去做这件事呢？

当时和我们一起坐在餐厅里的人，他们也可以说是在“自杀”，只是十分缓慢。也许有的人早就该戒酒了，但依然继续喝；有的人早就该调整饮食了，但还会随意吃；有的人早就该运动起来了，但根本没有想要运动的打算；有的人在医生那开了降压药，但还没吃；有的人办的健身房会员卡早就不用了，也很久没去看过牙医了。

词典里是这样定义自杀的：“自愿、有意地结束自己的生命的行动或情况。”这能回答你所有问题吗？自杀是词典里说的一次举动，还是一串小举动？“自愿”是什么意思？“有意地”又是什么意思？

如果医生给我开了一种极有可能延长寿命的药，我却不吃，那这叫什么？如果我没全吃，只吃了一些，这又叫什么？你是否会分析我的其他开销，看我是不是可以停止付费电视节目、停止交手机费，用这个钱去买药？讨论自杀，实质上是否为讨论生活中的选择，怎样安排优先事项？

也许我就是不喜欢这个药的副作用，我觉得与其多活18个月，但是一小时恶心一次，不如不恶心多活6个月，这又叫什么呢？这个定义里的“自己的生命”是指什么？谁来决定什么是“自己的生命”？

有时候我们觉得自己理解一些词的意思，到了真要定义时才发现无法理解，“爱”就是一个很难定义的词。小时候我记得这样一句话，“爱就是永远不用说对不起”。哼，可能吗？你自己试试。在生活中、婚姻和感情里，与你在乎的人在一起，但从来都不说对不起，这好像和我们聊的自杀也有点关系。如果你真的试了一把，那我愿闻其详。

“正确”“公正”“公平”“平等”，这都是我们常说的词，但它们又是什么意思呢？如果要你给这些词下定义，那你能不能避免因为遗漏一些要素而遭到追问质疑？

“大家”“总是”“他们”“自杀”都分别是什么意思？

词语的定义很重要，有效沟通需要这些定义，因为谈话双方需要对词语有共同的理解。要求对方澄清一个词或一个短语，可能刚开始是善意，只是想确定双方讲的是同一件事，但也可能是一种辩护手段。

要了解对方用词的用意

现在看看另一种不那么病态的说服别人的澄清方式。

30年来，和我一起打高尔夫的一直是固定的那几个人。不过他们可能也在变。高尔夫是绅士的运动，自己监督自己的动作。在其他一些体育项目中，“只要不被别人抓住，怎么做都行”，“裁判不说就没问题”，“不见血就不算犯规”。但在高尔夫里，如果你正准备击球，球动了一下，即使你在矮树丛里，旁边没人，也要受罚。如果你在沙坑挥杆时，抬起球杆的一瞬擦到了沙子，那你就要受罚。高尔夫球是绅士的游戏，对方打得好我们要点赞，打得不好我们装作没看见。当打完18个洞时，你摘下球帽，和别人握手，称赞他们今天打得不错，这是高尔夫。所以，我跟我的朋友打的可能不是高尔夫，更像是世界摔跤赛。你得需要脸皮厚，听力也不能太好，记忆力不能太强，对别人的失败更不能有同情心。我的朋友大多跟踪政治动态，但他们能做到打球时不去谈论政治，不会问我华盛顿最近有什么消息。他们大部分都是这样，但也有个别人不会这样。

有一次，我们在斯帕坦堡一个高尔夫球场打球，当时正走在第一条球道上，有个朋友问我："你觉不觉得现在的美国比奥巴马总统执政时更受世界的尊重？"

我当时开球打得不太好，心情一般。不过就算我刚中了大奖，也不愿意回答这个问题。

我问："你说全世界吗？"

他说："你知道我的意思。"

"我真不知道！你说世界是什么意思？你问过马达加斯加吗？问过乍得、冰岛吗？尊重又是什么意思？我怎么能量化尊重呢？有什么办法能测量尊重？"

他抱怨说："别跟我玩文字游戏，我想说的是，你觉不觉得我们现在的外交政策挺好的？"

"好是什么意思？你有什么客观标准来评价外交政策？可能有一半的美国人不觉得我们的外交政策好，只有50%的人支持的东西能叫好吗？还是你想说有可以衡量好的客观标准？只要有50.1%的人说好就算好吗？你听说过哈特—富勒辩论吗？谁来决定什么是好，什么是正确，什么是公正？"

后来，他那天再也没跟我说过话，我倒是觉得挺"好"。显然，我回答他问题的方式表明，我并不想谈论政治。这个例子也表明，如果你让发问人多费些力气的话，那对他会产生很大的影响。

有时，我们真的需要了解对方所用的一个词是想表达何种用意。有些词本就是有主观色彩的，我们只能先了解他是如何理解的，比如"公正""好""美丽""有力"。

即使参与谈话的人都是抱着善意而来，也有必要让别人定义清楚他们用的词语。不仅词语需要定义、解释，而且有时人们总是抽象地进行讨论、争辩，对你而言，可能引入一些具体内容更有利。

你碰到的每个问题几乎都有一些突破口，善于利用可以把它转变成另外一个问题。比如抓住一个词，让对方定义，明示之前所暗示的含义，证明他们想问你的那个假设的任何一方面。

精准使用词语是有效沟通过程中不可或缺的一部分。很多词有多重解释，而且前提还得是我们对词语的基本定义有共同认识。我们经常会碰到的情况是，有人以我们非常不熟悉、不适应的方式使用一些词。所以，对于可能给谈话带来改变的重要词语，搞清楚含义十分重要。

我们自己在用词的时候也要格外仔细，以免别人要求我们定义词语的含义，只要一定义，就有遗漏重要信息的风险。

读到这里的读者可能已经知道，我是个非常喜欢倾听的人。别人刚刚说过的话，可能就会触发你提出一个极好的问题。所以，一定要认真倾听！仔细地、批判性地、开放地听他人在说什么。

第十二章

再包装式提问

给自己的表达穿上闪亮的外衣

我不知道偷父母的高尔夫球是否有诉讼时效，如果有，那么我希望我也早就过了。我爸爸的病人经常送他高尔夫球作礼物，但他都不会拿出来用，因为他觉得这些球很珍贵，拿出来用很可惜。我当时完全不理解，现在也无法理解。怎么会有球拿出来玩就可惜呢？球就是用来玩的啊。这就好像在说德国巧克力蛋糕太好了，吃了可惜了一样。可蛋糕就应该是吃的啊！

不管怎么说，我爸爸总是把这些球好好地放在书房里，我和3个妹妹不能进去。我理解的“不能进去”意思是，他在家的时候我们不能进。如果他不在家（我就不能征求他的许可），那就没人可以禁止我进去。其实，他跟我们说的是，他的办公室无论什么时候我们都不能进去。但说不定他有一天上班前改变了主意，只是忘了告诉我们。

当然，每次他都会把书房门锁上，这也是一种间接证据，表明他不想让我们进去，但是一个医生藏的钥匙，他那个12岁的准备将来当律师的儿子总能找到。开始时，找到钥匙是很容易的，他就放在门上，挂在一块装饰脚线上（真是的，他就这样藏钥匙吗？谁会把钥匙藏在锁上？）。但后来，妹妹揭发了我，爸爸就藏得更仔细了些。也许他还是不够小心，我在他音响旁边的尼尔·戴蒙德专辑里找到了。看，他要是真的不想让我找到，完全可以放在佩里·柯莫专辑里，或是安迪·威廉姆斯专辑里。他知道我也喜欢尼尔·戴蒙德的那首《Cracklin' Rosie》，藏在这本专辑里几乎是相当于邀请我去拿。

拿到了钥匙，我就来到了高尔夫球天堂。装球的盒子外表看起来都不一样，但里面的球都一样。但每年球的包装都会有些许不同，主要为了更好看，更凸显技术进步。

再包装是有意义的。通过再包装，同样的东西，尽管球都是一样的，会产生新鲜感，更好的视觉享受，让人感觉自己买的是一个全新且不同的东西，是一种"太好了，拿出来玩可惜了"的东西。

通过语言再包装，你还可以重塑对手的表述，将说服的重任转给他们。

我们大多数人会下意识这么做，而且经常都是为了给自己辩护：

"亲爱的，晚饭好了！"

"好的，马上来。"

"你不知道我花了好几个小时才做好吗？"

"呃，我说了我马上来。"

"嗯，你要是现在不来吃的话，我就把饭放冰箱里了。"

这种说话方式虽然直接且有点恶意，但也具有说服力，它把"马上来"变成"我不在乎你花一晚上时间所做的事"。这是最好且是我们最常见的再包装（相信你也猜得到，我听了这话马上跑去了厨房）。

通过再包装，旧物可以变成新物。如果有意设计，还可能变得更糟糕，特别是配合夸张、荒谬、不合逻辑的极端情况。再包装就是挑出别人说话的一小部分，用极端手段重新表述，把一些单独、偶然间提到的东西有意转变成不可能、不合逻辑的极端情况。

前面我介绍过国会就移民、获取合法身份途径和低于法定年龄就被带进美国的儿童的问题举办听证会。民主党的论述是，因为有一些"童年抵美者暂缓遣返"政策下的儿童，长大以后在美国取得了很好的成就，所以美国应该接受他们在美生活并让他们获得合法身份。

“但你不会是说这1400万人都是优等毕业生吧？”

这就是以夸张法有意地进行再包装，当然得到的答案是“不”。这样，讨论的焦点就从优秀的入境者转向了并没有取得卓越成绩的入境者。

还有那场关于枪支控制和大规模枪击事件的听证会。

“你的意思是，没有任何一项法律可以减少未来发生大规模枪击事件的风险？作为美国人我们就只能接受这个宿命？我们永远无法摆脱大规模枪击事件，只能学会习惯这种事？”

说实话，再包装可以说是我最喜欢用的言辞。为了用好它，我们必须要准确抓住对方说的内容，敏锐判断对方最薄弱的逻辑环节，用归谬法、极端不合逻辑、夸张这些黑色艺术手段进行攻击。

有什么一般性的例子吗？

“你说的意思是不是……”可以用来再包装对方前面说过的话，“你不会是说……”一般用来轻微包装对方确实说过的话，但是那句话没有表达他的本意。

在法庭上，再包装很常用也很容易发现。有一类犯罪很难定罪，那就是家庭暴力，关于难定罪的原因很多，比如受害者不愿配合，举证困难，或夫妻二人都被逮捕，控方最关键的证人也成了被告。最后这一点绝对是非常棘手的，如果你的关键证人无法作证，这案子就不能赢。另外，一些社会文化上的束缚、期待无处不在。有时候，家庭暴力的受害者最后会与犯罪者重归于好，暴力继续反复上演。辩护律师没法说：“都是因为你还跟他和好。”这么说，看起来是辩护律师的一种进攻，实际是对陪审团潜意识的影响，因此我们要对辩护律师的这个手段保持警惕。

“你的意思是她成为受害者是她的错？”

“她挨打也是她的错吗？”

“你是说她这都是自找的？”

“你是说，她回自己的家，还要承担被伤害的风险？”

在性暴力犯罪里，也有这样的辩护技巧，把犯罪事实的发生偷偷归咎于受害者。

我起诉过一个绑架并强暴了一个房地产中介的人。他假装去看房，趁机把她绑架。整个绑架、强暴的过程持续了很多天，对过程的叙述是转述的，辩护律师一直在努力寻找证据来证明受害者是认可或默许这件事的，他会审视整起事件的时间线，寻找某个突破口、某个弱点，可以用来暗示当事人的行为不是犯罪。在本案中，被告律师锁定了在加油站停车的一个细节，被告走进加油站商店付钱，受害者被独自留在车里。

被告律师直接出击：“你当时是有机会可以逃跑的？可以大声呼救？可以吸引加油站的工作人员、其他车主的注意？”

作为控诉方律师，我们需要把对方想要暗示的信息再包装，以更有力度的方式再把它扔回去。

“过去两天，受害人遭到被告强暴，内心充满了巨大恐惧，你是说，到了加油站她心里的恐惧突然完全消失了？”

“受害人当时认为自己会死在被告手里，被告也不断威胁要杀她，你是说到了加油站，她突然不担心自己被害了，她突然觉得完全有把握从被告手中逃脱，不受任何伤害？”

“你是说，被害者才要对犯罪行为负责任，这个被绑架、被强暴、被殴打的人应该为绑架、强暴、殴打承担一定责任？这是你想告诉陪审团的吗？”

人们说的话和他们心里想表达的意思往往很不相同，这是一条真理。还要知道人们总是喜欢暗示一些事情，不一定清楚地讲出来。了解这些，你就要时刻对三个内容保持高度关注，比如对方说的话、话语背后的意图、话语暗含的信息。我们只需认真倾听，调整好表达结构、形式，就可实现目标。

归谬法与黑色夸张艺术

我很爱我的女儿阿比盖尔，她对每个人都特别友好，不对任何人说三道四，尤其关注不幸的人。但她也很爱争论，这里我指的是狭义的“争论”。她热爱辩论，热爱思维的较量。在她那个年龄时，我的政治观点与她完全不同，但我也知道，22岁时，我也不支持死刑，可成年后还是成为公诉人，7次争取对犯罪分子判处死刑。有时候，人在经历了生活后是会变的，变化的根源在于你被自己或别人真正地说服了。

我不知道女儿长大以后会是什么样的人，但我知道她在孩童和青年时代与爸爸的辩论将会使她终身受益（尤其是可以平衡她妈妈的影响，她妈妈是个非常善良无私的人）。我知道不管她现在或未来抱有怎样的政治见解，但她热心、乐于助人及积极捍卫真理的灵魂不会变，所有人都希望这样的朋友站在自己这边。

有一段时间，我们父女俩经常辩论的话题是最高法院大法官提名人选布雷特·卡瓦诺的确认听证和后来发生的事件。通过提问，我不仅论述了自己的观点，而且把可能发生的吵架变成了有建设性的对话。

我们的对话一般是这样的：

女儿：难以相信你的朋友林赛·格林厄姆竟然会支持卡瓦诺！

爸爸：你是说曾经支持过索尼娅·索托马约尔大法官和艾蕾娜·卡根大法官的林赛·格林厄姆吗？就那个林赛·格林厄姆？他作为共和党议员，支持了共和党总统提名的候选人，你感到难以置信？但他支持奥巴马总统提名的两位候选人时，你觉得没问题？

女儿：我不是这个意思。我是说你以前做过公诉人，你就不相信受害者？

爸爸：只有在犯罪行为里或有人做错事时，才会用到“受害者”这个词。我们现在还不能下这个结论。应该等等看事实是什么，证人是怎么说的。我们一般用什么方法阐明事实？

女儿：我不知道，你告诉我吧。

爸爸：想想看，证人之间是否有对质和交叉盘问的权利？

女儿：她不应该被迫在公开场合，当着那么多男人的面作证，这些都是较为隐私的事情。

爸爸：法庭上，儿童不也得对侵害他们的人作证吗？家庭暴力的受害者不也需要在12个陌生人面前讲述他们生活和感情中最隐私的细节吗？这里的证人有什么不同呢？这里面牵涉到的罪名难道不如刑事案件里的罪名那么严重吗？

女儿：你不是说不可以用"受害者"这个词吗？（这个点她提得对）可这又不是法庭审判。

爸爸：不管是什么场景，证人不作证，别人该如何相信他呢？

女儿：你的朋友林赛讲话时，她已经来作证。

爸爸：没错。林赛没有在证人作证前就发表对可信度的看法，你不觉得这是一件好事吗？这就是一种公正，等别人讲完话，再说你觉得可不可信，民主党还有些议员，没等她说一句话就对她的可信度做了判断吗？还有个民主党参议员说："所有女人都值得相信。"是不是？证人还没说话，他们怎么判断是否可信呢？

女儿：那你的意思是她撒谎了？

爸爸：什么是撒谎？

女儿：谁都知道什么是撒谎。

爸爸：好，既然谁都知道，你就说说看。

女儿：意思就是没有说出事实。

爸爸：人们有时还会无心犯错，对吗？有时事情记得没错，可名字记错了，对吧？你看过关于目击证人的科学研究吗？他们并不是真撒谎，他们觉得自己说的就是真的，只可惜他们是错的。

女儿：被最高法院候选大法官性侵这种事，她不会忘记。

爸爸：也许不会，可如果被华盛顿上诉法庭候选法官性侵了，也不会忘记？被白宫顾问办公室的人性侵了会忘记吗？华盛顿上诉法庭是美国第二高的法院了，不是吗？如果有人犯了性侵罪，就不能在这个法庭任职，是这样吧？

女儿：她站出来讲那些痛苦的回忆是需要极大的勇气的，没人会无缘无故地忍受这些攻击和审视。

爸爸：我同意这点。关键是要深入研究、考验、探寻她现在出来作证的“理由”，交叉盘问和寻找可以佐证的事实是必须的。

我们的对话完全不针对个人，我们俩谁也没提高调门，没感到不高兴。

在政治、刑事以外的日常生活中，再包装别人说过的话是很常见的事。有时候我们告诉孩子打扫房间要准时，要懂得照顾兄弟姐妹的感受，然而孩子们通常会把我们的话再包装，变成特别夸张的说法。

“你说得对，我从来没听过你的话。我是个彻底的失败者，你是不是希望没有生过我？”大部分父母都听过孩子说这种话，这是一种归谬式再包装。

千万别上当！孩子是想让你退一步，夸夸那些他做得好的地方。你不能这么就夸他。我知道，这样要求你很难，可我也有孩子，相信我，准没错。

遇到这种情况，我一般会平静地告诉他：“明天我可以花一整天的时间夸你的优点和你做过的那些了不起的事。希望明天能再加上一件事，认真打扫房间。”孩子抛给你的诱饵好像很难抵抗，但父母必须克制住，把关注点放在很小的事情上，比如就是打扫房间，不能把他从小到大几十年发生的事都讨论一遍。

一定要记住，我们想说的不是什么宏大且深奥的问题，不是所有无证件生活在美国的1400万人，而是那个虽然没有美国公民身份，但愿意在美国参军，为美国服务的某一个人，是那个伤害了一个无辜美国公民、从来就不尊重美国和美国法律的人。我们谈的不是第二宪法修正案是什么意思，是刚刚被杀害的14名美国儿童；不是打扫干净房屋有什么心理及社会上的重大意义，而是因为爷爷奶奶要来了，房间应该保持干净整洁。话语越具体，越有利于避免对方进行再包装。

同时，用好夸张和归谬，再包装也能发挥很好的作用，把争论的对方变成支持你论点的证人。

在死刑案件中，被告律师团队总是会聘请一位心理学或精神病学专家，参与犯罪心理、量刑等环节，量刑更为常见，主要帮助被告律师说服陪审团不要作出死刑判决。

精神病学家一般都会找到一些心理疾病的理由，用来降低犯罪程度，或至少暗示陪审团当事人对其言行不能负责任。刑事案件里，有一种精神错乱辩护，就是说被告没有能力判断对错，因此不能为犯罪负责。但在量刑环节，这种辩护已经进行了法庭审理并被判定无效，被告律师就转向用这种办法减弱犯罪程度。

我处理过一起死刑案，法医精神病学家诊断被告患有胎儿酒精综合征，这名法医非常出色，她和蔼可亲，让人感到亲切，攻击这样一个证人肯定是不讨好的。攻击这个诊断也不太理想，这种问题确实存在，说不定陪审团里有人认识得这种病的人。较好的办法是再次包装专家的结论，变成夸张和荒谬的内容。

我们基于陪审团已知的事实，重新包装专家的证词。（预警：事实比较残酷，但确实是本案的事实。）

请介绍一下胎儿酒精综合征是如何导致你入室抢劫的？

胎儿酒精综合征是如何导致你在陌生人家里自慰的？

胎儿酒精综合征是如何导致你在浴室里大便的？

有多少患有胎儿酒精综合征的人会强暴儿童？

5年来所有被诊断为胎儿酒精综合征的人，有多少人为了以谋杀犯的名义入狱而开枪射击陌生人？

又有多少患有胎儿酒精综合征的人在谋杀他人后撒谎不承认？

再包装是我最喜欢的一个论辩术，使用此方法，你必须仔细听，慢慢切入，它对你的论辩对手可以产生很大杀伤力。

委婉表达的绝妙方式

大部分家庭都有各种各样的政见分歧。我们一般不会在感恩节聊政治，但依然有人时不时扔出个手榴弹，也不怕惹母亲生气。

人们总是喜欢推断。一名警官没能符合我们的预期，并不意味着所有的警官都这样；一名政客辜负了公众信任，并不意味着所有的政客都会这样；今天我没能满足你的预期，无法代表你的预期合理，或者明天我也不能满足你的预期。我们一定要谨慎表态，避免下群体性的总结定论，否则别人就有可能把你的话和你没考虑到的那些事实重新包装，然后再用来反对你。

进行再包装的时候，不要太荒谬、太夸张，要不然会显得你太古怪，好像假装生了一顿气，可信度不强。抓住对方一个用得不当的词及他们使用的未经证实的情况，而后像我上面一样，说话时给自己留一点余地退路。

我一般这样开口，“你的意思应该不是说……”，“你不是认为……”，“你的态度应该不是说……”，“有一点你一定也考虑过”。

我喜欢再包装，因为它既能用于攻击对方，也可以自我辩护。最好的再包装，就是揭穿对方话语里的逻辑问题，通过把它推到极限的方式展示出来，而且给自己留出余地，“你的意思应该不是说……”，尽管你心里清楚这就是对方想表达的意思。

第十三章

转换话题式提问

掌握何时转换话题

有几句人们常说的话，值得反复强调（有的应该略作修改）。

“好的高尔夫球员运气出奇地好。”（才会使事情看起来特别容易，我们误以为这是运气所致。）

“好事实造就好律师。”（如果事实总是对你不利，你无法打赢太多官司。）

我对有些话做了修改，也许有助于大家在日常生活中的使用。“患难之友是害虫”（源自文斯·沃恩的电影《婚礼傲客》），“省下的一分钱，也就是一分钱”，“内部一分为二的家（房子）就是一个双拼别墅”。

本章，我希望大家关注这句话：“如果你已经掉进了坑里，就别再继续往下挖了。”如果在说服过程中，你发现自己处境不利，抓紧寻找一个可以脱身的绳子、一架梯子，或者一双能拉你的手，如果这些都没有，就应该完全转换话题，或者大声哭喊。

生活中，我们难免在争论中处于下风，也许事实不利，或者我们并不真相信自己要辩护的事情，可能偏巧那天论述不具说服力。每个人都会有这样的时刻。职业高尔夫选手有时也会不小心用球杆颈部击了球，或者击中了球的上半部分，演员会记错台词，体操运动员可能会从平衡木上掉下来。有时事情就这样发生了，我们需要为此备案。不顺的时候，平局对我们来说可能就是胜利，暂时认输后再战也可以称得上是一个好的结果，对于这种情况，我们需要预做准备。

随着本书第二部分接近尾声，大家应该已经掌握了说服这门高尚艺术的手段和我常用的工具。接下来，我们要从自我辩护的角度重新审视这些工具，把它们当作盾而不是矛，是求生的工具（在一个案例中真的是关乎性命的），而不是取胜的方法。

追问细节

读贝勒大学时，我和凯文·基利兰德博士一起参加了学校的兄弟会。大学里我们生活在一起，他是我生命中最有趣的一个人，后来还参加了彼此的婚礼。因为他，我在大学里修得最多的课是心理学，如果我死了，他会是帮我抬棺材的那个人，但我希望这事不会太早发生。然而，我人生中最悲惨的经历也是拜他所赐。

重大事件发生时，我们大部分人都能想起自己当时身在何处。1993年的感恩节，里昂·莱特在得州体育馆冰冻的场地上试图救起一个被挡住的射门，我说的就是这种重大事件。当时，我和妻子在达拉斯，跟凯文·基利兰德和他的妻子以及凯文的岳父母吉·博尔顿夫妇在温暖漂亮的房间里一起过感恩节。

“咱们出去打猎吧。”凯文说话的时候，打猎包都装好了。

“打什么猎？我是打高尔夫的，不是猎人，像这种冰天雪地的天气，我连高尔夫球都不打。”

凯文向我保证，我们不会遇到问题。虽然事后他说，他从没有承诺过有一个打猎小木屋可供我们取暖，但当时他的意思就是有这么一座小木屋。我说“他的意思”，就是说他原话就是那样的，有一个小木屋，里面有床、电及必要设施。

我们一起顶风冒雪出门了，奔着得州的杰克县去打猎，那晚，里昂·莱特真是伤透了我的心，毁了我的美好假期。

我们的车越开越远，眼前一片苍茫。

和我们一起前去的还有凯文的小舅子罗伯特·博尔顿和另外一个大学兄弟会的朋友（拉尔夫·拉姆塞）。罗伯特当时不同意我们开到一条土路上，其实那条路已经冻结实。我们继续往前开，然后罗伯特停下来了，鹅毛大雪和冬雨砸在车上。

“好啦，我们到啦。”凯文说。

“小木屋在哪儿？”我问。

“在后备箱里，我们也管它叫帐篷。”

要是可以的话，我当时真想杀了凯文，哪怕为此在得州监狱待上后半辈子也在所不惜，至少在监狱里我大概率不会被冻死。

我们在“打猎”营地支起了帐篷，那个营地搞不好是建在一片核废物上，因为方圆100公里内一个动物也没有。比如鹿、猎狗、鸟，什么都没有。

我们坐在帐篷里，外面下着雪、冻雨，没有取暖设备，手脚都冻得失去感觉了，这辈子我们都没那么惨过。拉尔夫觉得这是个讲故事的好时候，他可真是“会”挑时间。

我跟基利兰德性格差不多，又是多年的朋友，我们当时不需要任何交流就能想清楚对方的想法。

拉尔夫：给你们讲个好玩的故事吧？

凯文：不听。

我：拉尔夫，你想讲故事可以。反正我们现在被困在帐篷里，跟到了埃及一样无处可去，你要讲故事我们也拦不住你。但是好玩与否得等到我们听了以后再判断。

拉尔夫：有一个年轻人跟一个姑娘约会……

凯文：他们俩多大了？

拉尔夫：不管他们多大……

我：我们要知道他们多大，我们想知道，他们是青少年？是同龄的男孩女孩？他们谁更大一点？

拉尔夫：你们这些人，就是个好玩的故事而已，年纪根本不重要好吗？

凯文：他们交往多久了？

拉尔夫：我也不确定，也许一年吧。

我：那挺久了，拉尔夫。他们确定关系了吗？相处多久了？他们跟别人约会过吗？有没有交换定情戒指？

拉尔夫：朋友们，这些对我的故事来说都不重要。

凯文：拉尔夫，你可能觉得这些细节不重要，可能你故意没提一些细节，因为你自己青少年时期也经历过类似的痛苦，是吗？我和高迪想知道这对情侣的所有情况，这样才能预判你的故事是否好玩。

拉尔夫：这俩人在一个公园里，那儿有一组秋千。

凯文：什么样的公园？

我：什么样的秋千？

拉尔夫：这有什么关系，不要总是打断我。

凯文：这对我们来说很有关系。公园里有跷跷板吗？那组秋千一共是几个呢？公园是根据什么名人命名的吗？

我：拉尔夫，这些对我们很重要。那个公园在哪儿？我和凯文可能还去过呢，如果我们去过，你就不用描述那个公园什么样子了。以后可能我们还想带家人去玩呢，所以我们想知道有什么设施，能否野餐，是开放的还是私人公园，开放时间是几点至几点。

就这样我们来回谈论了一个小时。拉尔夫可能猜到了我们想干什么，或者他根本不在意我们想做什么，他也可能无法理解，为什么两个快要冻死的朋友总是打断他在这么悲惨的环境里讲这样轻松的故事。

不论怎么说，在我和基利兰德的共同努力下，拉尔夫没讲完他的故事，我们生命中最糟糕的这一夜没有变成人类史上最糟糕的一夜。

虽然我们俩可能有点明显了（还惹人烦），但是还要求对方关注细节和事实是一个制造障碍的办法，然而具体做得还可以更巧妙。每个人在沟通、讲故事时，都有自己的节奏，如果你能改变这个节奏，你就能改变他沟通的有效性。

人们都不喜欢被打断，更讨厌被别人的陈述句打断，如果是被问题打断，那么他就要思考，对方要求提供更多细节是否合理，还是只为了阻挠我讲话。我和基利兰德表现得过于明显，显然是要阻挠拉尔夫讲话（虽然我说我们过于明显，但拉尔夫居然花了那么长时间才搞清楚我们的意图）。其实我们可以做得更巧妙，然而结果还是一样的。提问可以打乱讲话人的节奏、韵律，提问时显示出（一点）真诚度，你就能有效地拉住对方，且不会被发觉。

学会解构对方的论述

我跟妹夫恰德·艾布拉姆森关系不错（在大舅子和妹夫之间，我们的关系算是不错的）。他是个好丈夫、好父亲、好律师，他狂热地支持克莱姆森老虎队。克莱姆森老虎队最近战绩连连，所以假期的时候我的日子并不好过。为了躲开妹夫，我想到一个好方法，这样我就不用面对克莱姆森老虎队的战绩了。后来我去问母亲，能不能把感恩节分成4天过，每天和一个孩子聚会。我母亲不同意，她说了很不靠谱的话，让我“学着与别人处好关系”，“家人很重要”，“学着让别人也在生活中感受乐趣”，好像还说了些别的，可都是我听不进去的话。我就只能一只耳朵进一只耳朵出。

我跟妹夫争论克莱姆森老虎队与南卡罗来纳州斗鸡队哪个好的时候，他只要用好事实就能赢我。然而，他没有尊重事实，他也不会尊重事实。克莱姆森老虎队得了好几次全国冠军，恰德觉得这还不够，还声称他的球队是全国赛程中最艰难的球队，尽管如此还是得了冠军。我一听就控制不住了，立刻质疑他的论点。要是像公正、民主、公平这样的小问题，我也并不会计较太多，毕竟为了家庭和睦，我会放过这些小问题。可是要说克莱姆森老虎队的赛程最艰难，这个真的就过分了。

恰德，请把手机拿出来，咱们好好解构一下你的话，一场场看比赛，把克莱姆森老虎队比过的队伍力量排名都找出来，再看一下东南联盟，看看亚拉巴马、奥本、路易斯安那州立大学队、佛罗里达、佐治亚这些对手都如何。一场场地看，每一个力量排名都看。你想做这个大胆的断言，那咱们从零开始，用事实说话。

回想我们日常对话中的假定前提，至少我们都觉得，我们的谈话对象讲的是真话，掌握了交流所需的一定信息，而且对信息做过甄别。如果去质疑这些假定前提，会怎么样？

这就是解构的核心。解构一个论述，就是挑战它的论据，一个办法就是要求对方证明每一个论据的真实性。

如果每一个论据都需要一定量的证据证明，而且我们对每一个论据都这样质疑，会怎么样？如果我们不再做无罪推断，会怎么样？要证明一件事多困难啊！我们经常放任对方一路猛进，直到他们做出结论时才想起来该如何进行反驳。

我们是否要换个思路，“从一开始就把论述杀死在萌芽里”，要求每一个论据都得到佐证？要不要严格地看待每一个基础论据？

你可以问，你怎么知道是这样的？我不想听你认为、感觉、相信，而是你是如何知道的？在对方论述的每个环节都要求举证，会给对方带来极大混乱。这是一个很经典的手段，可以让你摆脱对方假设前提的束缚。我们经常听任人们做一些事实基础不牢靠的判断，最后使得他们能够证明一个更大的论点。下次再遇到这种情况时，先从质疑他的事实前提开始（只是别在感恩节时影响你妹夫的好心情）。

运用“受害者”心态

我们的文化给予受害者更多的尊重（应该如此），因为大部分人都是善良的，所以作为受害者不全是坏处。他们不想再让受害者雪上加霜，不想反复戳别人的痛点。有一些受害者确实遭到了非常严重的侵害，我们为他们感到悲哀，同情他们，我也不想显得冷酷无情，但是抛开这些情况，扮演受害者可以帮助你在论述不利时有效反击。

我也遇到过另一种情况，有些政治人士本可以把自己塑造成受害者，但很遗憾他没抓住机会。我们很难既做受害者又做进攻方，有时不得不二选一。最好的情况是，由别人来替你进攻，你只要安心待在受害者的光环下就可以了。如果人们认为你遭到了某种不公正的对待，这对陪审团会产生影响。由于你已经遭到了别人的惩罚，陪审团会在心里默默进行调整，弱化你的错误。

如果在对话中，有人歪曲你的形象或观点，我们的直觉往往不是去计较，而是就这么让它过去吧，我们不喜欢长时间的冲突。但是，我们要克服这种人类的天性。如果对方把事实搞错了，那么就要问他为何会搞错，充分利用你作为受害者的身份，但要记住，你不可能既是受害者，又是出击方。只要受害者的身份有效，就要专心去做受害者。

让内心的秤发挥作用

还有一句老话大概是这么说的：“拿鞭子抽一匹死马没什么用了，不过你也抽不疼它。”理论上可能是这样，但现实中人们不喜欢穷追猛打。如果你已经赢了，或者胜局已定，就别再传球得分了。相信我和我多年的经历，在劝说别人时，陪审团和其他人都能够判断做到什么程度就算够了。除了对合适程度的感知，人们还普遍认为，强力出击没错，但不光彩的出击不行。

以下是一个国会议员的反例。

前面提到，国会对联邦调查局前警探彼得·斯特尔佐克进行了两次盘问，一次是闭门取证，参加的只有国会议员和一些国会工作人员，持续了几个小时，但未对公众开放。另外一次是上了电视的公开听证，两个国会委员会共同参加，场面十分难看。

其实这也是意料之中的。在第二场中，有太多的议员，一下子问了太多的问题，又都浓缩在5分钟时间内，而斯特尔佐克刚刚在闭门会议中已经被问过所有可能提到的问题。

如果一名执法人员大谈信任，而自己却偷偷与同事搞婚外情，那我们都会感到不齿。如果一个国会议员指责斯特尔佐克搞婚外情，其实她本身也干过这种事，我们会感到可笑。有些事，我们不需要说出来，陪审团自然就知道。母亲会为了保护孩子撒谎，被告不愿意入狱，如果孩子的父亲进了监狱，孩子就没有父亲了，这些都不需要我们清清楚楚地讲出来，陪审团心里自然都明白。不是所有的事情都要讲出来才能被人理解。

搞婚外情的人一般都会隐瞒真相、闪烁其词、遮遮掩掩，大家都明白再继续公开质疑他这些行为就没有必要了。在一个人搞婚外情期间，他很可能会对妻子撒谎，如果他对妻子撒了谎，他也可能对别人撒谎吧？这些是我们及陪审团能够想到的。但如果揪住这点不放，对方可能就会乘机扮起受害者，我们则显得过于咄咄逼人。

什么是正义行为？即可以为大多数理性的人们所接受的行为。私刑式打击报复会引起大部分人的厌恶，这个度需要小心拿捏。要准确判断自己的界限，就要与陪审团保持同步，也要对自己十分了解，知道什么时候让自己踩刹车。要明确的是，对于那个已经站在毁灭边缘，又被拉回来再摧毁的人，我不是要你心怀歉疚，让你做些退让，也不是因为对方值得一点同情和体面，而是因为继续穷追猛打会损害你的立场。

如果事实于你有利，就猛砸事实；如果法条对你有利，就猛砸法条；如果这两点都没有，就只能砸桌子了。如果你偏离了对事实的陈述和提问，偏离了好的法律论述和提问，走进了纯粹人身攻击的陷阱，陪审团可能就会认为你没有别的证据，只能做人身攻击。

彼得·斯特尔佐克本来不是公众同情的人，但如果国会议员用错误的方式问了错误的问题，情况可能就会有所变化。有的国会议员就犯了这个错。女士们先生们，他们的攻击过犹不及，从而走上了歪路。

我们每个人心中都有一杆秤。如果你感觉到形势发生了不利于自己的变化，就要根据自己内心的判断决定是否继续。看体育比赛时，我们都能感觉到内心的秤在发挥作用。一场篮球比赛还有两分钟结束，一方已经领先30分了，他们的教练还在指挥球员投三分球，我们感觉有点过分。显然一个拳击手已经击败了对手，即使他自己还没收手，我们心里也认为已经可以停下来了。我们能感受到自己心里有杆秤，这意味着别人也能感受到心里的那杆秤。如果忽视这点，可能就会把坏人变成受害者。如果以不光彩的手段进攻，你可能就会失去自己的受害者身份。世界上最难的事，就是别人不遵守规则而你却遵守规则，但你的说服对象会为此给你加分。

结合自己的优势与劣势进行准备

在我起诉过的所有刑事案件中，我总是遇到一些让我感到苦恼的事实或别人宣称的事实。

在我参加过的所有国会听证会中，总会出现一些我并不愿意接受的证据。你最不想遇到的提问是什么？在你进行的对话中，你希望不会遇到什么事实？你不想讨论的那个话题是什么？你的论述结构里最薄弱的环节是哪个？那是你需要多去关注的地方。

我一直认为计划十分重要，而为最糟糕的情况做计划显然必不可少。你的计划是什么呢？

大多数人只会看到自己论述的有利之处，这样感觉虽然很好，但对于劝说没什么好处，我们需要一个能够赢得对话的沟通计划。你最担心的是什么？你准备怎么应对？怎么转移话题？“我希望没人发现我论述的弱点”，这可不能是你的计划。你应该最先看到自己的弱点，制订计划去巩固它，减少它们可能带来的损害，或转移到更有利的论述上去。

我经常跟朋友和同事们讲：“上帝不会让每一个人都拥有一切。”上帝几乎不会让一个人既聪明，又风趣、可爱，这三个优点里一个人能占两项已经很好了，大部分人只占了一项。同样，在说服的过程中，你也不太可能拥有全部武器，但你应该有一个用起来最得心应手的，重点是通过不断地强化、精细化练好这一个。

我擅长的是问一些不寻常的问题，从而进行分散转移。如果庭审、听证会或是生活中的一个对话进行得不好，我会问一些不太一样的问题，迫使对方进行思考，给自己争取时间准备接下来的沟通。这种问题应该是与对话内容有一定相关性，但又不密切相关的，应该是看起来合理的问题，如果只是与谈话的重点略有偏差，应该是个好问题，但会分散人的注意力。

举个例子，谈到争议较大的移民问题时，我喜欢问这样的问题：移民犯了哪些罪可以决定他被遣送出境或取消获得合法身份的资格？对方本来是想论证移民不该被遣送出境，或者应该给移民提供获得合法身份的路径，但是遇到这个问题，他不得不思考整个刑法的内容。他少不了会遗漏一些重要的犯罪行为，我们就可以就此提问。在其他问题上我也用过这种办法，找到问题，迫使对方进行思考。

如果在和一群人交谈时，形势变得不利于自己，我会使用两个技巧，都很极端。一个是沉默。沉默是吸引注意力最好的办法。我们心里都有一个表，如果讲话人一直不讲话，我们会感到疑虑：他找不到讲稿了？他大脑空白了？讲话人身体不舒服了？怎么不说话了？我经常做一些演讲，但几乎每次，我都会故意制造一些让人不舒服的停顿，就是要让现场的每个人都停下手中的事，关注讲台上是不是出了什么问题。然后我接着开始讲，好像什么事都没发生一样。沉默是吸引注意力最好的武器。我们要学会把握沉默的时长，不能和一次呼吸一样短，也不能长到让别人以为你睡着了。

另一个就是霸占讲台讲个没完，不给别人讲话的机会。我们学到的礼仪是不能打断别人的讲话，要认真听别人讲话，我们都不愿意在别人讲到一半时跳出来发言。如果在辩论中发现自己处境不利，就可利用这些规则。在国会和法庭里，最难盘问的证人就是那些讲个不停的人。陪审团不喜欢打断别人的粗鲁行为，他们更不喜欢被打断。

我们不仅要了解自己在沟通中最大的优点，而且也要知道自己最喜欢的说服手段是什么。前文提到的各种说服手段，你最喜欢用哪一个？你认为自己能用好哪一个？

我们在劝说别人时都会遇到不顺的情况，这时一定要通过准备和预期减少这种情况发生。如果某一天运气不好，那就要缩短自己面临不利的时间，可以转移指责，可以超时主导讲话，或者通过沉默和喋喋不休转移对话。

只要最后能表达自己的观点，只要我们知道劝说的对象是谁，要达到的劝说目标是什么，相信你一定能做得不错。

第三部分

一路向前去征服

第十四章

我们应该有什么样的期望

什么样的说服更容易实现

去得州上大学前，我一直在南卡罗来纳生活。虽然南卡罗来纳与得州差别很大，但在宗教、政治信仰上却差不多，可以说相同点多于不同点。当然，也有一些东西是需要去适应的，比如得州人更喜欢本地歌手乔治·斯特雷特而不是埃尔维斯·普雷斯利，更喜欢得州排舞而不是摇摆舞，更喜欢西部牛仔品牌威格而不是李维斯。此外，在重要问题上，南卡罗来纳与得州有更多相同点。

年轻的时候我也出过国，去过非洲、欧洲，但那是一种完全陌生的文化环境，相比之下，不同的人共同生活在大体相似的文化和政治环境里带来的体验还是不一样的。

但直到来到华盛顿当上国会议员，我才真正开阔了眼界。南卡罗来纳最具有自由主义倾向的人，到了华盛顿最多也只能是个温和派。南卡罗来纳也有不同的种族和宗教信仰，但完全不能跟华盛顿比。华盛顿有一些人，他们内心深处的信念与我自己根深蒂固的理念截然相反。因此，一开始，我就要作出选择，要么回避差异，通过说服达成完全共识，要么接受、欣赏这些差异。

如果我使出浑身解数说服别人，期待跟每个人都达成一致意见，按照我在南卡罗来纳的经历去传播我的信仰，肯定会四处碰壁。要想和别人达成完全一致的看法，不仅非常愚蠢，而且不尊重别人。在华盛顿，我认识到，虽然共识是一种不十分伟大的预期，但共同却是一个很好、很合理的目标。

后来离开华盛顿时，我选择在启程前最后一刻宣布离开政坛，返回南卡罗来纳。我不想应付记者，也不想和同事们有太多告别。身边最熟悉的朋友知道我要走，对我来说就够了。我宣布离开后，就直接奔向机场，准备周末返回南卡罗来纳的家中。

当时，我收到很多手机短信。第一个是克里斯滕·希尼玛参议员，第二个是图尔西·加巴德众议员，还有其他一些人，很多是共和党内的朋友和同事。但最早发来短信的，却是在别人看来可能跟我互不相识的人。

一开始，你可能会感到疑惑，我作为南卡罗来纳的共和党人，跟亚利桑那州和夏威夷州来的民主党人会有何共同点呢？其实我们的共同点很多，只是不一定都局限在政治见解上。没错，我们在国会不会投一样的票，这是合乎情理的。我们所代表的地区和选民有不同的想法、观念和投票倾向。虽然政治不是我们生活的全部，但道德、家庭、寻找和别人的共同点都是生活的重要内容。

有时候，我们误以为说服就是让别人彻底改变他们的想法。其实这很难办到。究竟如何定义生命的开始，第二宪法修正案的界限在哪儿，选举团是否要保留，在这些问题上，人们不会轻易改变自己的看法。但是，劝说一定要这么尽善尽美吗？

如果一个人本来认为胚胎或胎儿发育到可在子宫外独立生存，生命才开始，经过你的说服，他有了一点改变，认为生命开始应该更早一点；一个人如果本来认为第二宪法修正案没有任何限制，经过你的说服，也同意对于谁可以拥有特定的武器，在哪儿可以拥有这些武器，这些武器的特点是什么，修正案是有限制的。这样的说服怎么样？

我们不能太贪心。制订目标时，要合理务实，不能异想天开，认为我们相信的那些理念非常强大，能够彻底推翻别人的观念和经历。有时候，能够说服别人不要总是吵来吵去，就已经很了不起了。有时候，让和你意见相左的人明白，你是在努力从他的角度看问题，这也是极好的说服效果了。

要牢记，说服是引起变化，寻求共同点，而不是追求完全一致。这种说服更容易实现，而且大多数情况下也更值得赞扬。如果一定要追求180度大转弯，你的目标可能会彻底落空。

从别人的错误中吸取教训

我们应该从别人的错误中吸取教训。我经常这么教育孩子。有些事情，经历了失败我才懂得，你应该以我为鉴。如果我告诉你炉子很烫手，而且烧得通红，你又何必伸手摸一下呢？如果我告诉你，现在别去找妈妈要东西，她正高兴地看假日电影连播，你得信我说的话。我在国会工作期间，积累了沟通、说服、打动等很多经验，但在对2012年利比亚班加西袭击事件的调查过程中，我得到了更为深刻的教训。

这里我需要重申，本书不讨论政治问题。我从未想过要写政治方面的书。本书是讨论如何有效沟通、说服及打动别人。所以，这一部分的内容不是为了评判班加西特别委员会的工作，也不是为了评价某位官员的政绩，而是要指出我自己在调查中犯的错误和得到的经验教训。这样也许我的读者也能从我的错误中吸取教训，避免在以后的考验或机遇中出现类似的问题。

本书给出了一些重要经验，比如了解你的“陪审团”，展现真诚，掌握事实，要将你想证明的论点与陪审团或公众的预期进行对接，还有最重要的一点，在开始前确定一个清晰简明的目标。在班加西调查中，贝纳议长给我打电话，说要组建一个特别委员会，负责判定4位英勇的为国捐躯的美国人到底是如何死的，当时我对上面提到的重要经验没有花足够的时间考虑。

在高度政治化的环境里，几乎无法开展严肃的、以事实为基础的调查。这个结论民主党肯定不爱听，他们有很多的事等着调查。共和党也不爱听，不少共和党人参与了司法部、《外国情报监视法》、国家税务局及其如何对待保守群体的一些调查。我也以各种各样的方式参与了几乎所有这些调查，我的观点一直未变，在当前的环境中，几乎无法开展严肃的、以事实为基础的调查。

第一个障碍是，在这样的环境里，特别是涉及争议极大的政治问题时，陪审团事实上不可被说服，有效沟通的前提就是受众至少有开放的态度。另外一个必要前提是精准明确地知道陪审团是哪些人。对于班加西特别委员会来说，随着调查逐步推进，陪审团范围一直在缩小。我对没有根据的阴谋论毫无耐心和兴趣，也不愿会见推崇这些理论的团体，共和党激进分子对此很不高兴。现在仍然有一些共和党律师不喜欢我，因为我当时不愿见他们的客户。这并没有问题，有时候你的批评者与你的支持者一样重要。

民主党不愿接受这次调查，因为这又是一次多出来的调查。当时确实已经有了一个问责审查理事会，国会的其他委员会也已经调查了班加西事件的各方面。共和党领导的众议院情报委员会发布了调查报告，共和党人领导的监督与政府改革委员会也发布了调查报告。所以，民主党和媒体有两个选择：抱怨新增的调查，或者质疑此前的调查仍遗留大量未解决问题的原因，民主党和媒体选择了前者。

现在的我和当时一样，认为还有一些合理的问题值得研究。

为什么从我们的大使和外交人员遇袭的那一刻起，直到泰隆·伍兹和葛兰·多赫提在美国中情局附属基地遇袭身亡，美国的军事力量都没有采取行动？不管你属于哪个政治派别，这都属于合理的问题，而且在此前的调查中无法找到答案。

中情局附属基地遭遇迫击炮袭击，导致泰隆·伍兹和葛兰·多赫提死亡后，最后是谁救出了基地的美国人员？这也是一个合理的问题，对于被救的很多人来说，这是最重要的问题，功劳要归于应得的人，不能错算在别人头上。这也是在之前的调查中没有弄清楚的问题。

在袭击事件发生之前的数月内，美国驻的黎波里和班加西的机构是否提出增强安全防备？国务院当时了解到哪些情况，谁收到了的黎波里和班加西的请示？这些问题，对于我最终关注的“陪审团”至关重要，当时我关注的群体是袭击事件的幸存者和牺牲人员的家人。如果要回答这些问题，那么需要看到一些文件，这些文件是国务院管理的，可能还包括国务卿本人收发的邮件。

正是出于这个原因，民主党和媒体对于班加西袭击的最后一次调查格外关注，因为当时国务卿是民主党总统候选人。另外一位候选人、参议员伯尼·桑德斯说，他根本不关心她那些“该死的邮件”。我知道有些人对调查表示关注，他们没有参与任何辩论和竞选，但是否提出了增强安全请示，谁提出了请示，提给了谁，这些问题都关系到他们的切身利益。因为这些信息可能在国务院的文件和邮件里找到，所以牺牲人员的家人和袭击幸存者是关注那“该死的邮件”的。

班加西调查与国务卿的邮件问题不可避免地交织在一起了，引起了对服务器的调查和很多其他的问题。一位美国大使遇袭身亡，为此要求国务卿提供给她的邮件中涉及有关安全请示的内容，这是再合理不过的要求，否则我们无法去判断国务院当时了解什么情况，什么时候了解了情况。

不管你是否相信，班加西特别委员会里的共和党众议员并不是“邮件门”事件的源头，真正的源头是一位叫迈克尔·施密特的《纽约时报》记者，他对此进行了报道。最早爆出国际足联丑闻和后来关于联邦调查局和司法部很多相关消息的也是他。如果说好记者的标志是要有好的消息来源，施密特可以说是个非常好的记者。即便他不是共和党人，也没有参加特别委员会。《纽约时报》对“邮件门”的报道，比我们特别委员会对这件事举行的公证会还多。

我们只有一场公开听证会跟“邮件门”有一点关系。而关于班加西袭击前、袭击中和袭击后究竟发生了什么，我们对证人进行了一百多次不公开取证。

从很多方面讲，班加西调查也是谋杀案调查，我的这方面经验是较为丰富的。然而我没有尽早意识到，这是政治，不是法庭，我确实该为此感到羞愧。

我没有考虑过什么有可能实现，甚至没有想过什么比较渺茫。我的预期使我认为这次调查的成功，应该会获得一些新答案，发现前面调查遗漏的新事实。这并不是委员会其他大部分观察员的预期。作为主席，设置合理的预期并达到预期应该是我的责任。如果你的预期和其他人不同，那么失败就会随之而来。

与我交流的陪审团和其他任何人的目标陪审团都不一样。一般情况下，恐怖袭击事件受害者的家人就是我们的陪审团，再加上美国驻班加西使馆和美国情报附属基地的幸存者，我们的陪审团就很完整了。可我天真地忽视了一个问题，其他委员会成员认为陪审团的范围应该更广泛，弱化直接当事人的色彩，特别是在即将举行总统大选的现代政治环境里，更是如此。

在我看来，那次听证会基本是失败的。我们没有很好地应对时间限制，影响了提问的建设性，没有看到作为陪审团一部分的媒体会要求听证会提供“新”信息。是的，那次调查在很多媒体人员看来是无意义的，但他们还会追求“新”信息，这确实很讽刺。那次调查拖的时间过长，即使是支持特别委员会工作的证人，更关心的也是“邮件门”，而不是利比亚的安全防卫。

关于那次听证会，我最鲜明的记忆是看到满满一屋子的人中坐着泰隆·伍兹的遗孀。在调查过程中，她非常配合我们的工作。她最关心的问题是究竟发生了什么，什么时间发生了那些事，为什么发生了那些事，以及伍兹生命的最后几小时是如何度过的。

伍兹为了保护他的祖国、朋友，在班加西牺牲了。7年后，他的遗孀多萝西发给我一张他们儿子的照片。那是伍兹走后7年多，特别委员会结束工作后的3年里，也是我离开国会一年以后，对于多萝西来说，这根本不是政治。我现在认识到，达到她的预期其实就够了，在最开始调查时，我就应该有这样的预期。

但不管这4位英烈的名字多少次被提起，这次调查还是无法把焦点放在已逝人的身上，而是不可避免地变成了对国务卿的调查。这个调查可能成功吗？有哪些合理且值得支持的预期？这要看你的目标是什么。近期国会举行的多场听证会里，没有哪场是可以称之为成功的。虽然我还是想到了一场听证会，但它的失败之处与我自己在班加西调查中犯的错很相似。

穆勒听证会的失败之处

罗伯特·穆勒做过海军陆战队员，做过联邦检察官，担任过联邦调查局局长，大部分美国人都相信他的为人。即使是这样的人，也无法在当今的政治环境中全身而退。大家可以读一下穆勒报告，作出自己的判断，这里我想探讨的是穆勒听证会上错置的预期。穆勒曾用两年时间调查俄罗斯在美国2016年大选期间的行动，以及美国方面是否有人与俄合谋。调查结束后，穆勒发布了报告，按理说此事可以告一段落了。两年的调查，两卷的材料，大家尽可以自己去阅读评判，这不是太高的要求吧？

可惜，有些人认为这还不够，因此国会决定举行听证会，穆勒被点名作证。如果你还有点印象的话，回想一下当时大家对穆勒作证的预期是什么。我记得某些群体曾抱有颇高的期望。有人认为，穆勒能给已经持续两年多的调查带来“新生”，这必然是比较难的。还有人认为穆勒能给他的报告带来活力。我们可以思考一下，穆勒花了两年的时间，采访了数百名证人，审查了数千份证据，他的团队发布了控告书，获得了有罪答辩，进行了完整的陪审团审理。竟然还有人期待仅靠一个国会议员，就能在5分钟里给这个调查带来新的生命和活力，这可能吗？

穆勒又有什么预期呢？首先，可以确定，关于他不想出席听证会，这点他毫不掩饰。不愿作证的证人也可能成为很有效的证人，但如果这名证人所做的工作已经完全对公众开放，他的有效性就差很多了。穆勒有何个人特点？他的特点能够满足我们对证人的预期吗？如果此前你看到过穆勒作证，你就知道我们会失望。穆勒身上有典型的海军陆战队员、检察官、联邦调查局局长的特质。他关注事实，表述谨慎，沉着冷静。

综上所述，穆勒是一个不愿配合的证人，他想要说的话已经写得十分清楚，他受到大陪审团机制和部分证据保密性的限制，还一贯谨慎克制，这样的听证会怎么能吸引眼球呢？

今天，我们了解的有什么是以前不知道的吗？

有什么新东西吗？

这个情况以前涉及过吗？

政治新闻网站Politico、《国会山报》《纽约时报》《华盛顿邮报》频繁地问我们这些问题。我所言的“频繁”，指的是在每件事里我们几乎都会遇到这类问题。

设置根本无法实现的预期，还想通过存在根本缺陷的国会调查机制来实现这个预期，失败就是必然的。

穆勒听证会再次证明了这一点。像穆勒这样的检察官一般不会给听证会带来什么看点，尤其是有5分钟时间限制的时候。我们稍用逻辑分析就能看出，一份用两年时间写出来的调查报告，怎么可能通过5分钟的答问就把内容全部总结呈现出来？这简直是实现目标最糟糕的手段了。即使真的通过听证会发现了什么新内容，你又准备怎么办呢？他怎么会经过两年的调查都没发现这个问题？穆勒团队有几百万美元的资金支持，有多名联邦调查局警探开展工作，居然会漏掉一个国会议员5分钟之内就能发现的重大情况？那得是多差劲的检察官？其实，国会根本不可能找到什么被穆勒遗漏的新情况。

所以，司法委员会和情报委员会的听证会从说服角度来说都失败了。我认为，穆勒的证词没能改变任何人的看法。

如果陪审团的看法已经定型，那么你只能以5分钟为单位回答提问，人们还对你的证词抱有不切实际的预期，那你一定会失败。

这并不是说穆勒本人失败了，他并未失败，听证会也没影响到他的调查工作。我相信，对班加西调查和穆勒调查发表看法的人，很多都没有读完他们的调查报告。人们一般只是根据媒体报道和公开听证会形成自己的观点。人们往往对事情的结尾部分记得更清楚，而调查开头和整体的印象会逐渐弱化。穆勒的两场听证会均在最后阶段，这已经变得十分折磨人，从说服变成了试图证明一些人固有的看法，即便是证明也做得很失败。

说服需要对称性，对话双方的预期要对称，沟通的方式和形式要对称，在事实和真诚的基础上，双方应该都有意愿改变对方的看法或被对方的看法改变。

无论是当检察官、议员，还是与家人朋友对话，我在说服时遇到的失败大部分源于与预期不匹配。出现这些问题，一般是由于没能认清或不愿认清谁是陪审团，没认真地设置合理的预期，或没能判断实现目标要求的举证责任。

希望大家能从我和我的失误中吸取教训，并记住这些教训。不要贪心，要设置合理的预期，让你的预期与更高层次上的意图保持一致。还有很重要的一点是，不要觉得获得的胜利不够大，超越一个较低的预期比未能实现较高的预期好得多。每次看到警察、检察官或国会议员抱有过高的预期，我就会非常忧虑。“一定要给他定罪！”“一定要让他进监狱！”“我们肯定会震惊世界！”“这是叛国！”这些预期都太高了。如果你想做过头，那就在行动效果上过头，不要在预期上过头，低承诺、高收获才是正确的做法。

律政剧里可能有这样的情节，你控诉的被告在作证时就坦白了自己的罪行，你的政敌承认你提出的医保计划比他的好，正处于青春期的孩子忽然醒悟过来对你说：“好！我马上就开始努力学习，我想充分挖掘自己的潜力，考进我们班前几名！”现实生活中，这样的情况非常少。如果你以为成功的沟通就是需要有这样的效果，那么你会非常失望。

说服是一个循序渐进且精妙的过程，有时候不易察觉。人生来就不愿承认自己错了，我们更愿意把问题合理化，而不是承认犯错。成功的说服有很多种，比如推动别人重新考虑自己的立场，不带偏见地听取你的观点，理解你会有这样的想法的原因。

要避免内在和外在的失败，最好的办法就是设置合理预期。如果你已明白，180度的态度大转弯是很难实现的，那么合理的目标应该是什么样呢?比如共同点、触动、进步、日积月累的微妙变化。

摩西自己并未踏足应许之地，虽然他预见到了这一天，但没能亲身经历。马丁·路德·金离世时，奥巴马还没当总统，蒂姆·斯科特也没当上参议员，康多莉扎·赖斯也尚未任国务卿。我们可能永远无法看到自己的说服最终会取得的成果。或许在一个人改变观点的过程中，我们只是许许多多劝说过他的人中最早的那个。从这个角度讲，作为劝说者，我们要心怀谦卑，要有功成必定有我，功成不必在我的态度。我们可能永远不会听到对方说：“你赢了！你把我说服了！我终于豁然开朗了！”但摩西比亚伦更值得纪念。把人引向一个新领域，有时比带领他真正走进这个领域更有历史意义。

第十五章

知晓自己的能力

允许自己慢慢成长

我父亲开车极慢，慢得让人痛苦。他开车时，你根本感觉不到车在动。

2000年5月的某一天，他开车送我和妻子去参加一场辩论，当时我觉得他开得还不够慢，我特别期待在所有路口遇到红灯，默默祈祷路上遇到火车，然后火车就地抛锚，可以把整个街区的路都堵上。我期待车爆胎，发动机熄火，流星砸中我们，或耶稣二次降临。

那年2月，我从联邦检察官岗位离职，准备竞选我的家乡斯帕坦堡的法务官。因为联邦检察官不能参选有政治派别、政治性质的岗位，所以我不得不辞去检察官的职务。巡回法务官在美国一般被称为地区检察官，是本地区或辖区内政府犯罪的首席公诉人。各州关于如何选择地区检察官都有自己的标准。南卡罗来纳的巡回法务官任期4年，斯帕坦堡与切诺基同属第七巡回法院辖区。

当时在职的巡回法务官颇受尊敬，他从事公诉人工作已有二十多年。在共和党初选中，我是他的竞争对手。事后回想，当时我的选择并不明智：一是竞选从6月开始，而我2月才开始准备，时间非常紧迫；二是虽然我做过检察官，但没有州法庭公诉人的经验（我只做过联邦法庭的公诉人）；三是挑战现任者一般都很难。

切诺基人很友好，当地还有一个著名地标桃形水塔。如果你喜欢看《纸牌屋》，弗兰克·安德伍德就是切诺基县的国会议员，剧中很出名的一个场景就把桃形水塔拍了进去。斯帕坦堡是我和我妻子的家乡，那里有很多不错的学校，而且当地居民很善良。能通过竞选为这样两个县服务，我感到非常高兴，但是要在当天的辩论中挑战一位颇为居民喜欢的现任检察官，我很不情愿（虽然我心里祈求路上出各种状况，但我不得不夸我的父亲准时把我送到了辩论会场，甚至还有几分钟准备时间）。

那时的我，从未有意打磨过自己的沟通说服技巧，并不知道自己是否可以。

几十年后的今天，情况也大不一样了。如今的我不喜欢讲话前有人介绍我，不是不喜欢溢美之词，而是感觉介绍我的那个人似乎妨碍了我的沟通说服的欲望。我想要的是一路绿灯，没有警察，下车就可以进门，我喜欢开门见山直接进入辩论或演讲。

随着我的人生阅历不断增长，当初那个非常害怕在公共场合讲话的年轻人，渐渐体会到了说服艺术的魅力。

法庭上的我也发生了变化。开庭前，陪审团成员要就位，法庭会告知陪审团成员一些注意事项，比如保持精神高度集中，保持开放的心态，不要征求其他方面的意见，禁止在听取最后一名证人证词或看到最后一个证物前对案情进行任何交流。一般这些开场信息要占用20分钟，刚开始的10次，我真心希望这些开场白永远不要结束，非常期待法官从大宪章开始说起，我希冀法官从头到尾讲一遍陪审团成员的审判权发展史，为什么陪审团成员要求12人而不是15人、19人，历史上都有什么人参与了哪些审判，为什么由他们参与。随着法官的开场白逐渐接近尾声，我能感觉到自己的心跳越来越快，呼吸越来越急促，焦虑感占据了我的心。那时的我非常紧张，对即将到来的工作极度畏惧。

后来，情况发生了变化。

就在我第10次和第15次审判之间，我感觉到心跳加速没那么明显了，即便是这样，我的腿依然因害怕而抖动。说不清这个变化是怎样产生的，何时产生的，但是那个紧张青涩的检察官开始迫不及待地想要开口表达自己。

我还记得自己在坎农大厦圆形大厅里接受的由梅根·凯利对我的第一个直播采访。采访过程中，我一直盯着自己的脚尖，现在想来十分窘迫，不知道后来为何还有别的电视节目主持人邀请我录节目。当时的我太紧张了，现场直播没有任何“安全网”，凯利当时看到我的样子可能也在心里想，谁安排这个傻瓜上她的节目的。

没有人生来就能做好诉讼人、演说家、电视访谈嘉宾和沟通者。每个人都有一个痛苦的成长过程，只有经历了这样的过程，最终才会褪去青涩，走向坦然。而这样的坦然来自充分的准备，要知道自己的目标是什么。法国科学家巴斯德说过一句话，我的孩子们每次听到都要翻个白眼，但其实是很有道理的。他说：“机会偏爱有准备的头脑。”成功会给人带来自信和正确的自我认知。如果你不幽默，那就不用每次开头都讲个笑话；如果你是个严肃的人，就找个严肃的话题进行交流。此外，虽然了解事实对于有效沟通很重要，但是了解自己也十分关键，给自己机会，允许自己慢慢成长为你想要的样子。

拥有信心并去实践

作为法务官，我要求新入职的年轻诉讼律师注重两点：信心和实践。虽然我们不会直接上庭，但是我会要求他们在会议室里向我推荐最喜欢的一部电影，同时向我证明，他们最喜欢的电影是值得我花时间去看的。

陪审团很简单，就是碰巧也遇到了同样喜欢看电影的人。

目标很清晰：说服我看一部电影。

举证的责任很小：不是想让我借给你一万美元，就是看一部电影。

冲突性很低：是我主动要求你说服我，我是一个愿意配合的倾听者。

尽管有些人做得很好，但大部分人都失败了。他们全都在法学院进行过3年的学习，而且他们的职业兴趣就是站在12个人面前，不只是一个人，劝说他们关注比看电影重要太多的事。

让人欣慰的是，随着时间的推移和实践的积累，这些年轻律师逐渐体会到了有效说服的手段和目标，而且做得越来越好。

在我自己职业生涯的初期，我犯过很多错误，主要在两方面：一个是不理解说服如何进行，另一个则是没有抓住说服对象的本质和特点。

学会迂回沟通

美国社会最有争议的一个问题是关于生命，生命什么时候开始，谁来决定生命何时开始，州政府和联邦政府在定义、执行、限制这些理念时应扮演什么角色。尽管在这个问题上，几乎每个人都有自己的观点，但大多数人都不愿去讨论。

出于种种原因，最初我并不愿意应邀就相关问题发表看法。

一个周日的下午，外面下着雨，我坐在斯帕坦堡的办公室里，认真地思考了这个问题，希望搞清楚我到底持什么观点，为什么有这样的观点，如何向受众有效表达此观点。

最后，我准备了一份讲稿，全文没有一处提到“堕胎”，更没有一处提到“孕期”。

我把重点都放在听众身上了，关注他们如何看待自己的生命，如何定义自己人生的价值。

通过一种迂回沟通，我希望推动听众从不同的角度看待这个问题，在思考相关的模糊点或不易判断的问题时，更容易接受我的观点。

微妙的说服也可能十分有力，克制并不妨碍目标的实现，停留在边缘也能直接触及问题的核心。事实上，我认为这样的说服才最有深远的影响。终有一天，听者会自己理清逻辑，做出判断。

我很少在竞选中拉选票。当然，我想要他们的选票，帮我开展竞选的政治“专家”坚持认为，我应该直接表达，在一些竞选广告和文案材料中，我也接受了他们的建议，但我认为这样的做法太露骨了。以竞选人的身份出现，本身不就是希望大家投票吗？我们更应该做的是把自己的观点讲清楚，剩下的留给选民决定投与不投。

我记得自己从未在任何法庭辩论开场白中就要求陪审团判定被告有罪，这如何开得了口？他们还没有听到过一句证词，没有看到一个证据。审判还没开始，就要求陪审员给人定罪，这不是影响自己的信誉吗？他们定罪的根据是什么呢？因为被告被指控了？被起诉了？因为他是你确定的被告？

这样做完全背离法官对陪审员的告诫，在证明有罪之前，被告应被假定推断为无罪。而且，陪审团刚刚想好了不能在审判结束前就草率下结论，这时候你就站出来要求他们给被告定罪，这样会使陪审团对你有所不满。

因此，作为公诉人，我不喜欢直接要求给人定罪；作为政治官员，我不愿意直接要选票，而我在这两项工作中都取得了不错的成绩。相信我和我的经验，我们还有更好的办法实现自己的目标，我们可以把说服做得更巧妙，形成结论的最后一步应该由陪审团完成。根据我们现有的证据和证词，我们可以推动陪审团在审判的恰当时机做出我们认为正确、公正、公平的选择。

理解人性

前文我讲过，在我上大学时，修得最多的是心理学，这主要受凯文·基利兰德的影响，后来安德森大法官又派我进行实地调研，见识现实生活中人性的完整。为了做一个成功的沟通者，我把自己的理论知识和实践经验进行了融合，而且对于陪审团和受众的思考过程产生了极为浓厚的兴趣。

首先，人们不是作为一个集体在听。每个听众都是独立的个体，不管他身处50000人的集会还是5个人的团体。你只要能对5个人讲话，就能对50000人讲话，过程完全一样。站在讲台上，看到台下人山人海，可能有人会感到紧张。人们一般是害怕公开演讲，这种恐惧与受众人数往往密切相关。我理解这种心理，但不明白原因。当你面对很多听众时，记住他们并不是作为一个集体在听你说话（当然人们会有从众心理，比如跟着别人鼓掌、发笑、起哄），但从根本上说，他们每个人都在作为一个独立个体听你演讲。

“公众演讲”这个词根本就不应该存在，因为并没有所谓的“公众聆听”。人们都是独自处理信息，即使他们听到的话完全一样，产生的理解感受也有所不同，他们会根据自己的人生经验、教育背景及偏见形成结论。所以，如果我们对一个人讲话时不紧张，那么把这一个人乘以一百，也不应该感到紧张。

埃莉斯·斯特法尼克是非常出色能干的国会议员，但她也害怕演讲和直播。跟埃莉斯熟悉起来，是因为众议长保罗·瑞安通知我加入众议院情报委员会，他说：“埃莉斯肯定会成为你最喜欢的同事。”他说得没错。我在埃莉斯领导的情报委员会工作了两年，后来在众议院投票时我也和她并排而坐。我非常喜欢埃莉斯，在她身上我看到了从事公务工作全部的理由。

有一次，我们准备举行有电视媒体报道的听证会，埃莉斯说，她看着一堆摄像机会感到焦虑。我建议她说，当作只有一台摄像机，像平时电视采访一样。即便有一百台摄像机，它们捕捉的内容也是完全一样的，既然都做同一件事，数量又有什么区别呢？

埃莉斯后来告诉我，我的建议很有用。两年以后，她在众议院情报委员会的一次弹劾听证会上又要上电视，我给她发了短信表示鼓励，她回复：“就当作只有一台摄像机。”还附上一个笑脸表情。就像摄像机一样，每个人都是独立处理从你那儿接收到的信息，没必要为数量和规模感到焦虑。

人们一般是比较宽容的，不会揪住（或压根儿不会注意到）小错误。我每次演讲或接受采访时，都会注意自己犯的小错，如用错了词，语法不好，错过了机会，没把握最佳时机，等等。但每次我都开心地发现，听众根本没有注意到这些小问题。如果涉及的是重要事实，听众认为你有意误导，那确实不会被轻易放过。除此以外，听众对其他一切问题都有心理预期。

劝说的过程包括我们提到的陪审团、目标、举证以及将举证与目标协调一致等要素。假如我们在说服开始前，已经明确了目标、受众，知道了自己要用哪些手段，那么如何衡量是否成功呢？如何判断我们说服的能力是否提高了呢？如何才能知道我们是否取得了重要进展？如何才能知道我们是否成为说服高手了呢？

假如你不会像我那样，由于过于害怕公开演讲，不停地祈祷火车故障、红灯拦路、突发疾病，那说明你已经成长了。

如果你像我一样，从最开始的呼吸困难、心跳加速，到因害怕而导致的腿颤抖，迫不及待想要开口表达，那么说明你已经在进步了。

如果你没有直白地要求别人支持你，你也会很好地运用事实、真诚的表达和适度的举证，充分发挥提问的作用，使你的目标不仅对自己清晰可见，而且对在场的每一位听众都清晰可见，你就已经在接近有效沟通了。

如果对于与你持有不同立场、观点，你不再感觉受到威胁或困扰，就能够把它们看作机遇而不是挑战，看作谈话的起点而不是争吵的发端，你就知道自己已经提高了。

每周我去超市买东西，总能碰见一些并无恶意的人问我类似于下面的问题："你经常听华盛顿的那些事，怎么做到不发疯的？怎么克制自己不去拽头发的？"

第二个问题很好回答：因为我不想秃顶。第一个问题也很简单：我不会因不同的立场、看法、观念而感到恼火。在我看来，这些是学习、说服的机会。"说服"已经和我们有同样想法的人是不可能的，那不叫说服，只是求证、确认，坦白讲算不得什么挑战。真正有意思、有挑战的是说服不同意你看法的人，哪怕只是迂回地说服。最有效、影响最深远的说服是带动别人走向变化，不管是渐进，还是突变，然后站在一边，见证他完成变化的最后一步。

你能做到吗？

你能享受说服带来的挑战吗？你能放手让别人走完最后一步，从而到达你自己的目的地吗？

洞悉人心

卢比·奈尔·林赛生前是一个有爱心的好妈妈、好女儿、好朋友、好同事和好妻子。然而，她的丈夫马瑞奥恩却没什么爱心，他当着孩子的面殴打奈尔，全家出去度假时也会打她，在餐厅外的停车场上打她的脸，给小儿子的奶瓶里倒酒精，用下流的话骂大儿子。他曾有过对他人施暴的劣迹，对奈尔骂骂咧咧，出手就打，根本不遵守法院命令和保释要求。

所以，奈尔艰难而勇敢地决定要离开马瑞奥恩时，大家都觉得这是在意料之中，只有马瑞奥恩不愿接受。然而，一个受虐待的女人决定分手也许会面临更大的危险。这可能听起来有点矛盾，为什么离开危险反而是危险的，但事实如此。双方关系刚刚结束时，一般是最危险的时候。

马瑞奥恩弄坏了奈尔的车，使她不能正常开车去医院上班。但是奈尔有办法，她的好朋友西莱斯特·耐斯比特愿意帮她。

2002年9月18日，西莱斯特·耐斯比特接奈尔下班回家，目的地是南卡罗来纳的英曼市。西莱斯特开车，她的妈妈坐在副驾驶上，奈尔坐在司机后面，西莱斯特的两个女儿，其中一个坐在后排中间的婴儿座椅上，另一个坐在后排靠边的位置。当她们结束了一天辛苦的工作，准备回家休息时，天已经黑了，很显然大家都很辛苦。

奈尔和西莱斯特忽然同时认出了一辆车，是马瑞奥恩在后面尾随。法院已经命令马瑞奥恩不要接近他的妻子，但马瑞奥恩根本不听。根据保释要求，马瑞奥恩不能与妻子接触，但他也毫不在意。对他来说，法院命令和保释要求如同一张废纸，对马瑞奥恩没有任何约束力。

西莱斯特认出了马瑞奥恩的车以后，做了一个聪明的决定。她临时改道去英曼市警察局，路上闯了红灯，无视停车标识，还以超过限速两倍的速度穿越火车轨道。她不顾一切要把奈尔送到执法部门以求保护，一定要把她送到警察局，让执法人员去处置马瑞奥恩，以免她和奈尔与马瑞奥恩对峙。她尽全力了，却功亏一篑。

此时，奈尔打了911，介绍了马瑞奥恩的暴力记录，阐明了他当时对自己的现实威胁。西莱斯特开到了警察局，把车停在警察局后面的停车场。这时几名警察从后门走出来了，马瑞奥恩也进了停车场。

马瑞奥恩下了车，走向司机后面的座位，取出武器，隔着车窗开了4枪。奈尔当场死亡，手机还在与911通话，距离奈尔几步之外就是警察。车后排座的孩子们趴在车座下面躲过一劫，马瑞奥恩的子弹打中了孩子们的安全座椅。

据马瑞奥恩说，随后他准备开枪自杀，可神奇的是，开枪杀人的人往往能精准地击中别人，却总也打不着自己。马瑞奥恩的子弹击中了奈尔，却没击中他自己。

警方逮捕了马瑞奥恩，并以谋杀罪对他提起诉讼。这起枪击事件对他人也构成了威胁，由于发生在公共场所，马瑞奥恩很可能面临死刑。

现在，思考一下，如何做你的结辩陈词。

论述有罪的阶段已经过去了，马瑞奥恩被认定有罪，量刑也基本结束，现在只剩下对陪审团做最后一次陈词，然后他们就要退席了，去讨论是否判处马瑞奥恩死刑。

陪审团成员是十分明确的，那就是坐在你眼前的12个人。

举证的责任是法律要求的最高值，要排除合理怀疑。

目标或许有些复杂，你的目标是让他被判处死刑，还是实现公正？在死刑案件中，我对死刑这个目标可以接受。但现在换作你来当公诉人，你的目标是什么呢？

如何将目标与举证的责任统一起来主要取决于你的目标是什么，对吗？

你准备怎么说，用什么顺序安排你的结辩陈词？你是打算单刀直入，还是准备以常规的方式开始，慢慢进入高潮？

那天天还没亮我就出门去法院了，几小时后陪审团将来听取我的结辩。我把车停在一座教堂的停车场里，在车里坐了将近两个小时，自问自答地把比例原则、第二次机会、宽大处理、报应等所有问题都过了一遍，特别是关于正义。什么才算公正的处罚？虽然这个案子已经过去20年了，但我的印象还非常深刻，甚至比我上周进行的思考印象还深。我的信念到底是什么？我为什么会有这样的信念？怎样组织我的结辩最有效？在这样一个涉及死刑的案件里，我能否做到不提“死刑”二字就可以劝服陪审团将马瑞奥恩判处死刑？

后来，我在法庭上做到了。在结辩中，我没有明确提到“死刑”这个字眼，我的心情很平静，因为我对自己的信念十分明确。尽管我的腿晃动着，但我知道自己的目标是什么，那一刻我也洞悉了人心，洞悉了奈尔的善良美好、马瑞奥恩的泯灭人性和陪审团的内心世界。

> 犯罪事实已然十分清楚。马瑞奥恩的罪行给奈尔、奈尔的母亲和孩子，以及所有爱奈尔的人带来了永久的创伤。西莱斯特的两个幸免于难的女儿也将终生无法忘记那天的场景，她们趴在车里，她们的妈妈在外面苦苦哀求，祈祷自己的女儿不要像奈尔一样死在马瑞奥恩手里。现在，需要决定到底对马瑞奥恩及他的罪行做出怎样的惩罚才合适。
>
> 对马瑞奥恩来说，最好的情况是获得怜悯。怜悯是我们都需要

的，我们在生活中也都曾受益于别人的怜悯。怜悯有很多形式，比如第二次机会，即便马瑞奥恩已经获得了第二次机会，但也没能好好珍惜。怜悯可以表现为一个爱你的妻子，马瑞奥恩有过；怜悯可以是子女之福，马瑞奥恩也有过。马瑞奥恩感受过生活的美好，但这些仍然没能阻止他杀害一个无辜的女人，没能阻止他威胁无辜儿童的生命。我站在各位面前，不是为了要你们怜悯他。我做不到，也不会这样做。如果有任何人真的站在这里，请求你们允许马瑞奥恩再一次得到生活的怜悯，我希望各位问自己两个问题：为什么请求怜悯的人常常无法给予别人怜悯？为什么苦苦哀求各位怜悯的人从来不怜悯别人？

马瑞奥恩面临的最坏结果是复仇、报应、以眼还眼和以牙还牙。我站在各位面前，也不是请你们复仇，不是要各位结束马瑞奥恩的生命，就像他结束奈尔的生命一样，不是要你们这就把他送上服刑的囚车，剥夺他最后的告别，不让他把自己的事情安排妥当，之后再做最后一次祈祷。我不是要大家把他送到那座代表着正义、和平、安全的大楼后面的停车场里，朝着他开一枪。我不会请求你们让马瑞奥恩像奈尔一样死去。

人终有一死，可怕的不是死亡，而是死亡如何降临。有时候，如果死亡缓缓地从正门走来，我们能看到它，我们有时间向冒犯过的人道歉，改正犯过的错误，关爱我们忽视过的人，抱紧我们想念的人，把自己的事情处理好，做好告别，准备好我们的灵魂，那等到死亡轻叩房门时，我们已经做好了准备，这是我们想要的结局。

奈尔却没有这样的机会。死亡毫无警告，破门而入闯进了她的生命。白天她还在上班，想着晚上回家能看到自己的孩子，忽然之间她就在路上夺命狂奔，一路飞驰想去警察局得到保护，对着电话那边陌生的911接线员祈求救命。她在生命的最后时刻，没能和自己的母亲说几句话，也没能听到孩子们可爱的声音，只有一个911工作人员的寥寥数语。

奈尔多希望能让在座各位这样的陪审员来决定她的命运，多想让你们来决定她的生死，多想有机会向理智、有责任感的人请求延长她的生命。所以，我不想让大家像马瑞奥恩一样结束别人的生命。

我不是请大家对那些从来不怜悯别人的人心怀怜悯。我绝不会这样做，我也做不到。我也不是请大家走到另一个极端，像马瑞奥恩那样完全泯灭良知地夺走另一个生命。

我的立场是正义，在怜悯和复仇之间。从这里，我们能够看到罪行的全貌，看到马瑞奥恩给无辜的生命带来巨大创伤。我站在正义里，我的观点是，结束别人的生命不一定就意味着你也必须失去自己的生命，但有时候，你必须以命偿命。有时候必须这样。

在某些情况下，一个人的犯罪行为、性格特点及行为的影响，要求我们拿出法律最严酷的惩罚。在座各位代表着我们这个社会的良知，你们有权决定什么是合理的惩罚。我们会尊重你们的任何决定。你们做出的决定体现真理的裁决，反映的将是上帝的智慧。

有时你的陪审团无法回应你的话，但他们会有所反应。他们的良知带来了沉默，他们的判决就是对你结辩陈词的反应。

第十六章

我的结辩陈词

与自己对话

我和家人在南卡罗来纳做礼拜的是一个浸信会教会。在一些特殊的日子里，牧师的布道会宣扬爱国主义精神，比如美国独立日、阵亡将士纪念日、大选前的周末和退伍军人纪念日，布道词往往包含了军事含义、爱国主义和热爱上帝的信息。

我不是特别能理解，对上帝的热爱和对国家的热爱如何统一于基督教的教义里。在这儿我不想讨论神学，这是我对各位亲爱的读者做的结辩陈词，这也是我将最后一次向你表明，提问有助于说服的艺术，而练习有效沟通与说服的最佳伙伴就是你自己，但你必须对自己的思想了如指掌，学会提出正确的问题。

有一年，接近美国独立日时，我和妻子在教堂做礼拜，牧师开始讲到美国的建国先贤，讲到他们如何“受到了上帝的启示”。当时的我，感觉像回到了很多年前斯帕坦堡的一个小教堂里。坐在明亮的教堂中，我却仿佛进入了一个漆黑的密室，在那里探索人生中的宏大命题。

如果我是有色人种，听到牧师大谈美国建国，会有什么感受呢？如果我是女性，听到牧师讲美国是如何建立在《圣经》原则上的，又会作何感想？作为一个白人，我能有什么感想？如何以提问的方式，哪怕是自问自答，来探究这些问题？

你是否相信《圣经》包含真理？这些真理是跨越时空的，还是随着人类社会的演变也在不断变化？上帝对道德问题的看法有没有发生过变化？上帝有能力改变看法吗，还是说因为他是上帝，他根本意识不到自己想法的改变，这也就被算作一种“无变化”？

如果上帝是真理，真理也是亘古不变的，那今天认为对的东西就永远都是对的吗？如果是，那么今天认为错的东西，就永远是错的吗？我知道，人是会变的。但牧师没有说美国是受到人类启示建立起来的，他的意思是，美国是受到上帝启示建立起来的，难道不是吗？这才是我们对话的起点。

一个人对另一个人拥有所有权，这不是错的吗？一个人能允许别人拥有他吗？还是说在各式各样的权利自由中，唯独这个自由不能随便放弃？谁能愿意让自己成为别人的物品？让一群理论上自由的人接受一些特定的不自由是否根本就是错误的？

对于基督教来说，是不是没有犹太人或异教徒，没有富有或贫穷，没有女性或男性？也没有黑色、棕色、白色人种？没有奴隶或主人？基督教信徒的地位为什么会不一样？

无论是法律还是其他层面，认为一个人不是完整的人类个体，这在何时能称之为“正确”？难道说美国的建国理念里存在一些“妥协”？但是，牧师没有说美国是建立在“妥协”之上的，他说美国是“受上帝启示”的。你认为，上帝会赞同美国建国时计算奴隶人口使用的“五分之三”原则吗？

如果在基督里不区分男性和女性，《圣经》里还会有男性和女性之分吗？

我有自己的信仰，我相信你们也有。你们会不时地质疑自己的信仰吗？会不时地用逻辑、事实、精神、道德把你的信仰体系拉出来操练一番吗？

不幸的是，我经常这样做（“不幸”是因为这个思考过程非常辛苦）。有人会说，总是不断地质疑自己是不坚定的表现，我当然是不同意的。我认为，我们要真的理解自己的信仰，理解自己为什么信仰它，知道这个信仰体系是否还可以进行一点点的补充完善，这样我们才是真正坚定的。

我认为，你应该跟自己进行这样的对话。

关于有色人种对牧师在建国日的布道有什么感想，我提这个问题的初衷不是为了争论什么，而是想更好地理解。由于我当时想到了两个朋友：蒂姆·斯科特和施瑞亚·克拉克。

想要理解蒂姆与执法人员打交道的经历，以及他作为保守主义有色人种在美国政坛遇到的挑战，最起码我应该知道他心中的问题是什么。我自己当了一辈子白人，但不能因为这样就不去了解蒂姆在想的问题。我不是有色人种女性，因而无从知晓施瑞亚这样的年轻女性，她们在华盛顿这样的地方坚守自己的信仰是怎样的一种体验，也无从知晓这样一个年轻、保守的黑人女性在思考什么问题。我只能努力地去理解并揣测他们，在我自己的认知范围里努力从他们的角度提出问题。如果做得好，那么会有双重收获。我们的思想会更为开阔，我们能够对于和我们人生经历完全不同的人有更好的理解和同理心。

在一些敏感领域，情感和个人经历决定一个人的视角。谈及这样的敏感问题时，为了倾听、了解、感受对方的愿望，我们要谨慎地表达。

探讨问题时，一般只要说“我愿意被说服”就够了。在我与家人、朋友、同事的交流中，我讲完自己的看法后会说：“但是，我愿意听听你的看法，看我这么想是否错了。”一般说到这里，我们的争论也就停下来了。

这种真诚使人放下戒备，它不仅有很好的说服效果，而且对我们自己也有好处，它使我们保持开放的心态，能够吸纳不同的看法。

最近，我在得州参加了一场活动，回答了观众的一些问题。关于其中一个问题，我这样说：“以上是我的看法，但大家也可以讲述自己的看法，证明我是错的。”这句话惹得一位观众不高兴，他认为这种开放的心态是信念不坚定的表现。“总有一些事是你无法让步的吧？”

确实在很多问题上，我竭尽所能进行分析推断，逐一检验所有证据，进而形成坚定不移的看法。但问题是：如果自己在思考过程中有一些未能考虑到的地方呢？你是否准备好了可能会有新的事实出现？你是否认为，还有可能出现一些此前从未被发现的证据和事实？

我想我们应该有这样的准备，我们想说服别人，要让自己更倾向于被说服？

我们应该在心里不断地跟自己对话。为了不吓到别人，默默地思考就好。如果这对你来说很难（我以前也觉得很困难），那么请戴上耳机走起来，至少别人会以为你是在打电话，不会猜到你是在自言自语。

说服自己

斯帕坦堡市前任市长比尔·巴奈特从没当过市长候选人。没错，他没参加过竞选，是应召上任的，选民把票都投给了他这个非候选人，他做了两年市长，离任时支持度达到最高值。

我十分信任他，也非常重视他的看法，直到现在依然这样，尽管我们二人都已不在政府任职。2010年，我竞选国会议员时，他不太支持，不是担心我落选，而是觉得从时间角度来讲当议员非常不划算。

他跟我说："为了成为435个人中的一员，你今后一半的时间都会用来坐飞机，另一半的时间用来候机。"这就是他对国会的看法。

他说得没错，很多国会议员不住在华盛顿，有的是因为经济原因，有的是选区政治因素（就算国会议员都住在华盛顿，也解决不了美国的政治鸿沟）。

那8年里，虽然我每周都要坐飞机去华盛顿，但也不算特别辛苦。夏威夷州的图尔西·加巴德、蒙大拿的史蒂夫·戴恩斯和来自加州的少数党领袖凯文·麦卡锡也在通勤。

幸亏现在飞机上可以无线上网，还可以选个靠走道的座位，戴上耳机，没有人盯着的时候偶尔还能升舱。

但是飞机开始朝着华盛顿的里根机场降落时，无线网络就不能使用了，只能坐在座位上发呆。一般，我们会沿着河飞过去，将整个华盛顿尽收眼底。

那时候会感觉自己很渺小。我们降落的机场以里根命名，这座城市以乔治·华盛顿命名，这里的每一座建筑似乎都取决于某个伟人的名字，还有很多建筑用于纪念乔治·华盛顿、托马斯·杰斐逊、詹姆斯·麦迪逊、亚伯拉罕·林肯、马丁·路德·金，每一条街道都存在重要意义。你会感到自己是那样微不足道，更不要说飞机降落之后，你要前往国会山。

如此厚重的历史，如此多的前人足迹。你会感到自己的能量有限，所以你只能推动、说服别人去做那些大事。让那些名人去做吧，我以前就是这样想的。比如贝纳议长、后来的莱恩议长、参议院多数党领袖、最高法院法官，还有那些敢于竞选美国最高职务的人。我只是435个人中的一个，能做成什么呢？

国会经常成为他们开玩笑的素材和嘲讽的对象。人们总会想，要是民主党或共和党占多数就好了，要是某某能当上某个委员会的主席就好了，要是民主党或共和党肯怎样，一切就没问题了。要是总统能签署个行政令，开个新闻发布会，支持这个或那个政策就好了。要是某人能做某件事，这个世界就会变好。要是最高法院能这样裁决，我们的社会生态就更好了，要是最高法院能够解决国家治理的某个顽疾，美国就一定能够走出困境，继续蓬勃发展。

我们花了很多时间去等待别人做我们认为该做的事，等待别人去说服、沟通，去带来我们想要的变化。

我们把沟通带来变革的责任推给别人，有时候也是因为职责界定，不是吗？政治领导者应该发挥领导作用，最高法院的法官应该通过判决和司法解释带来社会、文化变革。我们对他们的期望，本身就是他们工作的一部分。这些事一定应该是由他们来做的，毕竟他们去竞选了那些岗位，他们主动站出来说“选我吧”，这肯定就是他们的责任，归他们管，这是我们普遍的预期。

然而我不这么想。

我对这些“领导者”的预期，并不比我对各位读者的预期高，这其中的原因有很多。

政治是无法预见的，它具有滞后性，它也会通过一些事情反映出来。这并不是责怪公职人员工作不力，这是现实情况。事实上，美国的国父们在建国时，对政治的设想是反映性质的，他们希望政治能够反映美国民众的想法。现在政治竞选已经不是一种说服过程了。在美国的总统竞选辩论中，候选人认真使用一些说服手段向受众证明，美国的治理会有更好的选择，这已经是遥远得想不起来的事情了。当前的政治不是劝说，只是守住已有的阵地。

在国会大厅里等待着想要看到的改变，这意味着别人已经在美国其他地区做了大量艰辛的说服工作，国会的改变只是最后的成果。

我不愿意等着别人去做我要做的事情。如果我对一个问题有坚定、热切、合乎逻辑的看法，为什么不应该是我来呼吁变革？为什么要等别人去做呢？

因此，我们最先要说服的人是自己，这大概是最重要的沟通工作了。你要让自己认识到，你有义务加入讨论、辩论、对话。在开始之前，你要掌握好事实，全面考虑不同的角度。在说服中，记得运用本书提到过的原则，最重要的是要迈出那一步。

说服的信仰

回想一下，在你过往的人生中，是否因人的触动而发生过改变？是否在受到触动后采取过行动？谁给你带来了触动？为什么你受到了触动？在什么样的时刻，你内心燃起了热情，决定要去追求一样东西，即使不确定是否成功？什么时候你决定，即使未必成功，也要奋力一搏打一场温泉关之战？又是何时你决定，即使撞到头破血流，也要为自己的信仰战斗？你会为了什么而献出自己的生命？是什么支撑你继续活下去？你会为了哪些触及生命本质的问题与自己进行一场米洛斯对话？

苏格拉底应该是历史上最擅长提问的人，这在一定程度上也是他生命终结的原因。他最擅长提一些在当时和现在都无法轻易解答的问题。他关注的不是答案，而是探寻的过程。他极为珍视提问的自由，甚至为此献出了生命。

耶稣无须提问，他本身就会引发人思考问题。他也为自己的追求献出了生命，耶稣向上帝提的问题是关于那个时代的宗教和政治领袖，而他向我们提出的问题，经过了时间和历史的考验，仍然是我们社会生活的指导原则。

马丁·路德·金没进过图书馆，没用过互联网，在监狱里他只有一支笔、几张纸，他却改变了世界。他一个人思考问题，不断探索如何让人类个体和我们的社会变得更好，他要求别人做的，自己也必定身体力行，他也为自己的信仰献出了生命。

杰出的神学家迪特里希·潘霍华为了捍卫其他宗教信仰存在的权利、延续的权利、不被消灭的权利，不顾自己的生命，最终为此献身。

有人说，民主得以保存，是由于在温泉关之战中捍卫民主的士兵全部为此牺牲。

虽然英雄像普通人一样也会死去，但英雄不会像普通人一样生活。他们的人生有更高远的目标，会不惜一切代价去实现这个目标，我们每个人都应像他们一样，经得起时间的考验和历史的审视，活出有榜样力量的人生。

我不在意你们对一些具体问题有怎样的看法。如果机缘巧合，我们某一时间在某一地点相遇，会产生交流兴致，也许我们可以试着通过提问和表达技巧说服彼此。但是，不要指望着终有一天你会遇到我并说服我，我也不会静静等待某一天遇到你。你应该做好准备，获取事实和知识，时刻准备接受更好的事实和更好的论点，然后去推动你希望别人可以带来的改变。

了解你的信仰及背后的原因，提高捍卫自己信仰的能力，理解别人会有不同的看法的原因，然后通过你的话语和行动去说服他人。

成为你希望他人成为的人

巴奈特市长担心国会的工作总是要花大量的时间在路上，他的顾虑是对的。这8年里，我没有取得太大的成绩，只是更加深刻地认识到，接下来的人生要如何度过。

每架飞机都有两面，就像每个问题至少都有两面一样。在飞机上，我坐在一边，看向窗外，想起那些振聋发聩的名字，深感自己的力量有限。我们喜欢坐在较为容易的这边，等着那些伟人去做我们该做的说服工作，这是容易的一边。

但另外还有一边，坐在那儿你会感到自己更渺小，这是因为你过了很久才转头看向那里。从那边看出去，你看到的是连绵起伏的小山丘，上面星星点点地布满白色十字架，悲伤而美丽，那是阿灵顿国家公墓。

那里埋葬的英烈们，放弃了个人的希望、梦想和无数可能，放弃了宝贵的生命，为了一个更高的目标奋斗。虽然他们大部分是无名英雄，但我们深知，他们才是建国者，他们的牺牲是为了捍卫国家的理想，让国家朝更好的目标前进。

这些英烈就是一些年轻、普通的人，他们把生命献给了一个值得为之付出的理想。这才是飞机上看到的最打动人的景色，也是最能触动我的景色。

至此，你已经了解了说服的手段和机制，知道如何运用提问来反驳和辩护，逻辑和事实可以产生多大的力量，如何确定真正的“陪审团”并设计相应的论述。你也知道了没有人天生会沟通，即使是我们知道的最出色的沟通者也是从失败中走过来的，他们只是拒绝停留在失败里，不断提高自己。

现在，有了这些新技能与计划，你还需要有一种责任感，你应该意识到，为什么不是我？为什么做这件事的人不能是我？

去成为你希望别人成为的人，用最有说服力的办法讲述你的信仰，解释你为何有这些信仰，再去引发别人的思考。劝说不容易，生命中任何有意义的事做起来都不容易。

民主是人类有史以来伟大的社会治理试验，无数人为它献出了生命，才换来我们今天拥有的一切。你也可以成为推动民主发展的一员，用自己的力量让它变得更好，不要辜负前辈英烈的牺牲。

刻意练习 如何成为一个高手

ISBN：978-7-5153-4665-6
著　　者：（美）道格·莱莫夫、艾丽卡·伍尔韦、凯蒂·叶兹
出版时间：2017.5
定　　价：39.00

★ 美国公认经典练习书
★ 一种简单到极易被人忽略，却又无比强大的成功模式！
★ 用最科学的精进方式，让自己、员工、孩子、学生、学员把事情做到极致

改变全球 9800 万人的学习与成长轨迹，每 30 秒钟便有一人受益于它
42 个刻意练习方法，专注解决你的进步瓶颈，最大限度发掘你的潜能

练习极简单，又极复杂，每个渴望进步的人，无论从事什么行业，无论是领导者还是员工，都希望掌握练习的方法，抓住练习的规律，以把事情做到极致。那些持续奋斗、成长和发展的人之所以成功，正是因为他们一直在不断地刻意练习。

全美培训界最引人注目的导师通过大量发生在顶级运动员、专职教师、资深律师和经验丰富的外科医生身上的实例，有理有据地告诉我们生活中最重要的事情是如何在精心策划的刻意练习指引下发生翻天覆地变化的。

在本书中，作者立足具体、实际的刻意练习，教会每个人利用那些经过仔细筛选且相对简单的方法，帮助人们成为特定领域的高手。这些刻意练习方法包括：专注练习20%的核心技能；练习最擅长的，放大优势效应；反复练习正确动作，加强大脑记忆；研究成功者，并进行正确复制；将技能分解，进行专项练习；预先知道练习关键点；有效利用反馈，及时改进；对抗惰性，让练习充满乐趣……

本书涉及的刻意练习方法一直被个人与管理者不断实践，所有遵循这些方法的人，都成功掌控了自己的工作和生活，并从中获得了无限快乐和幸福，所有遵循这些方法的政府、公司、学校等组织都成功激发了团队的潜力，并获得了所向披靡的力量。

如何阅读

一个已被证实的低投入高回报的学习方法

作　　者：美国普林斯顿语言研究中心
　　　　　（美）艾比·马克斯·比尔
ISBN：978-7-5153-4684-7
出版时间：2017年5月
定　　价：39.00元

- ★ 美国公认经典阅读书
- ★ 风靡全球的"个人 MBA"计划（The Personal MBA）推荐的第一本书
- ★ 掌握普林斯顿阅读法，高效学习并轻松记住所读重要信息

在简单易学的练习与训练中，获得革命性阅读技巧！

在碎片化阅读时代，阅读的时间越来越少。本书介绍的普林斯顿阅读法，能帮助你提升阅读速度，20分钟提高阅读速度300%，从而实现在更短的时间阅读更多书籍、杂志、文章，同时它能帮助你提升阅读能力，理解并记住核心重要信息。这套由美国普林斯顿语言研究中心发明的阅读法，已经介绍给所有常春藤联盟校的学生使用，曾经在飞机上帮助一个人5分钟提高阅读速度34%。

本书全方面展示高效阅读的十个重要方法，每一章都配以相应的练习和训练小提示。通过阅读本书，你将学会：

- 如何改掉影响阅读速度的坏习惯；
- 如何提高专注力；
- 如何快速提升眼睛获取信息的技能；
- 怎样读懂专业文章；
- 如何带着目的和问题去阅读，吸收消化；
- 如何批判式阅读、如何略读、扫读、跳读；
- 如何利用碎片时间清理堆积的待读材料；
- 如何做到几个月后仍可轻松回忆阅读过的大部分内容；
- 如何在快速阅读后，深度理解，以更清晰的方式思考。

……